이토록 행복한 바느질 세상
생활 소품 DIY

이토록 행복한 바느질 세상

생활 소품 DIY

판명희 지음

BM (주)도서출판 성안당

생활 / 소품 / D I Y

Prologue

설렘 그 이상의 행복, 바느질 세상

**가장 잘 견디는 자가 무엇이든지
가장 잘할 수 있는 사람이다. -밀턴-**

위 글귀가 늘 바느질 작업을 하면서 맴돌곤 했습니다.

처음에는 조금 어렵고 삐뚤빼뚤.
하지만 내가 손수 만드는 의미로운 작업은
늘 두근대는 설렘으로 다가왔죠.

좋은 소재를 선택하는 설렘.
예쁘고 쓰임이 좋은 디자인을 고민하는 즐거움.
어울리는 부자재를 고르는 정성.

재봉으로 완성되는 설렘은
어떤 무엇보다 큰 기쁨과 결과를 안겨줬어요.

20여 년이 다 되어가는 저의 바느질 나날 중
늘 연결고리 역할을 해준 바느질세상 카페 회원님들과의
소통, 그 안에 제 삶의 내용이 가득합니다.
서로 소통하고 고민하며 만들기를 거듭하다 보니
지금은 우스갯소리로 전 신발만 사 신는 사람이 되었죠.

지금도 계속 만들고 앞으로도 계속 만들면서
모르면 서로 알려주고 알아가는 바느질 세상.
끊임없는 열정과 설렘은 계속될 거예요.

소잉 아티스트 판명희

생활 / 소품 / DIY

Contents

- 4   Prologue
- 8   BASIC 바느질의 기초

CLASS __1

매일매일 자꾸 손이 가는
지갑 · 파우치

- 20   외출 필수품 **카드&키홀더 지갑**
- 24   휴대하기 좋은 **빈티지 카드지갑**
- 28   보면 볼수록 귀여운 **동전지갑**
- 32   플러스 지갑 **미니 배낭 손지갑**
- 36   필통도 나만의 느낌으로 **펜 파우치**
- 40   백인백 **화장품 파우치**
- 46   멋스러움을 살린 **육각바네 가죽 클러치**
- 52   가볍고 시원한 **심플 왕골 파우치**
- 56   수납 보따리 **꽃잎 파우치**
- 60   나들이 감성 **패브릭 도시락 보자기**

CLASS __2

생활이 즐거워지는 소소한
일상 소품

- 72   복을 부르는 **부엉이 행잉 가랜드**
- 76   한 손에 잡히는 행복 **햄프린넨 미니어처 백**
- 80   소소한 행복 **펜던트 목걸이&패브릭 브로치**
- 84   사랑스러운 분위기를 연출하는 **감성 보닛**
- 88   온기를 선물하는 **손모아 장갑**
- 92   폭신폭신 꿀잠 방석 **반려동물 침구매트**
- 96   즐거운 산책 시간 **반려견 하네스**
- 100   편안한 여행을 위한 필수템 **수면안대&슬리퍼**
- 106   나만 입고 싶은 데일리룩 **뷔스티에 레이어드 원피스**

평범한 일상을 특별하게
데일리 가방

118 우리 여행가자! **휴대폰 미니 크로스백**

124 오늘, 이 가방 어때? **스쿨 크로스 빅백**

130 활용도 높은 기본 가방 **믹스매치 에코백**

136 나의 원픽 아이템 **호피 스트링 에코백**

140 사계절 내내 심플 감성 **베이직 토트 쇼퍼백**

146 많은 짐도 가뿐하게 **백팩**

청바지의 재발견
청업사이클링 소품

160 인테리어 꿀템 **데님 벽걸이 포켓**

164 은근한 멋스러움 **데님 클로슈 버킷햇**

168 스타일과 실용성 모두 챙기는 **데님 앞치마**

172 빈티지와 유니크의 조화 **데님 크로스백**

178 믹스앤매치 스타일링 **데님 숄더백**

생활 / 소품 / DIY

BASIC
바느질의 기초

소품 만들기 전 필요한 **준비물**

재봉틀

일일이 손바느질로 꿰매기에는 시간이 오래 걸리는 고충을, 쉽고 튼튼한 재봉틀 작업으로 해결할 수 있어요. 요즘은 가격 대비 뛰어난 성능의 디지털 재봉틀이 다양하게 출시되어 선택의 폭이 넓어졌습니다.

오버로크

박음질을 하고 시접 처리할 때 올 풀림을 방지하기 위해 반드시 오버로크로 처리해야 합니다. 처음에 너무 저가의 제품을 선택하면 내구성이 튼튼하지 못해 쉽게 잔고장이 날 수 있으니 주의하세요.

다리미
패브릭 소잉 작업에는 스팀다리미가 중요해요. 수시로 정성 들여서 하는 다림질은 빼놓을 수 없는 과정입니다.

가위
전문 재단 가위를 선택하여 원단을 자를 때만 사용해야 하고, 떨어뜨리지 않도록 주의해 소중하게 다뤄야 합니다. 일정 기간이 지나 무뎌지면 갈아 쓸 수 있으며, 오래 쓰기 위해서 종이 가위와 구분해서 사용해야 합니다.

- **쪽가위** 수시로 실을 자르거나 실밥을 정리할 때 사용해요.
- **패치가위** 주로 가윗밥 낼 때 사용합니다.

자
- **그레이딩자** 패턴의 시접을 제도할 때 사용해요. 보통 60cm가 좋고 휘어지는 것이 특징입니다.
- **줄자** 치수를 잴 때 사용하고, cm와 inch가 함께 양면으로 되어 있습니다.
- **아이론자** 시접을 접어 다림질할 수 있는 자입니다.
- **6자·S모드자** 진동, 목선 등 곡선을 그리거나 재단할 때 사용합니다.

재봉틀 바늘
가정용으로는 HA 11, 14, 16, 18호, 공업용은 DB 11, 14, 16, 18호를 주로 사용합니다. 호수가 클수록 바늘이 크므로 얇은 소재는 11호, 두꺼운 소재는 18호로 적용하면 됩니다. 보통 바느질 땀이 이상하다면 바늘을 제일 먼저 교체해보는 것이 좋습니다.

실
- **재봉사** 보통 60수 3합사 컬러로 작품 원단 색상에 실의 색을 맞추면 됩니다.
- **코아사** 보통 약간의 광택과 스판 느낌이 있어 블라우스와 같이 매끄러운 소재에 쓰입니다.
- **스티치사** 30수 3합사로 두꺼운 실로 바늘도 16호로 교체해야 합니다. 보통 겉상침에 쓰입니다.

지퍼
홈지퍼는 롤로 자를 수 있고, 필요한 치수대로 지퍼 고리인 슬라이더를 끼워 장착해 쓸 수 있어 보통 쿠션, 이불 커버링에 사용해요. 쇠지퍼는 cm 별로 상지와 하지가 완성되며 파우치에 적용해 씁니다.

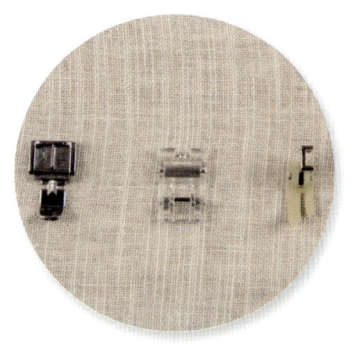  

노루발

- **외 노루발** 파이핑이나 지퍼를 박음질할 때 사용해서 지퍼 노루발, 파이핑 노루발로도 부릅니다. 일체형과 원터치용이 있으며, 주로 편리한 원터치용을 사용합니다.
- **롤러 노루발** 퍼 소재, 라미네이트 원단에 쓰이는 밀림 방지에 도움이 되는 노루발입니다.
- **테프론 노루발** 니트, 가죽, 라미네이트 원단에 사용합니다.

초크

- **초자고** 원단에 재봉선 등을 표시할 때 사용하며, 초크 중 제일 잘 그려져요. 초 성분으로 만들어져서 다리미로 열을 가하면 잘 지워져 편리합니다.
- **분필 초크** 갈아서 쓰는 타입으로 분홍, 파랑 컬러의 초크입니다.
- **연필 초크** 섬세한 표시를 할 때 쓰기 좋습니다.
- **수성용 펜** 정교하게 그리기 쉽고, 물이 닿으면 지워집니다. 주로 단추 작업할 자리를 표시할 때 사용합니다.

시침핀

원단을 일시 고정해 밀리지 않도록 일일이 시침하던 작업을 시침핀으로 대신 고정하기 때문에 재봉 시 꼭 필요합니다. 여러 종류가 판매되지만 얇을수록 좋기 때문에 긴 해바라기핀을 추천합니다.

심지

- **의류심지** 한 면에 풀칠이 되어 있는 의류용 접착심지이며, 카라, 안단에 주로 쓰입니다.
- **모자심지** 모자에 힘을 주는 용도로 의류심지보다 더 단단한 접착심지입니다. 한 면에 풀칠 되어 있으며, 다리미열로 천천히 부착해 사용합니다.
- **접착솜** 원단에 힘을 주기 위해 사용합니다. 2온스, 4온스를 많이 쓰며, 소품용은 주로 2온스, 두께감이 필요할 때는 4온스를 사용합니다.
- **접착테이프** 원단을 빳빳하게 만들 때 사용합니다. 10~30mm까지 힘을 받쳐줄 때 다리미열로 접착하며, 주머니, 단춧구멍 자리는 필수로 사용해야 합니다.

스냅 공구

- **구멍펀치** 도트스냅을 장착하기 위해 구멍을 뚫는 도구로, 3mm와 5mm를 가장 많이 사용합니다.
- **고무망치** 구멍을 뚫을 때나 스냅을 장착할 때 필요한 필수 도구입니다. 도마나 펀칭보드와 함께 사용해야 합니다.
- **스프링도트 스탭** 수동은 누름쇠, 탭몰드, 바닥몰드 세 가지 구성으로 13mm, 15mm를 가장 많이 씁니다. 똑딱이 단추 역할을 하며 단추는 네 가지 구성입니다.
- **하도메** 수동은 아일릿을 장착하기 위한 손몰드와 바닥몰드 두 가지로, 보통 아일릿 구멍의 모양을 잡거나 끈을 연결하는 구멍에 쓰입니다.

알아두면 유용한 용어

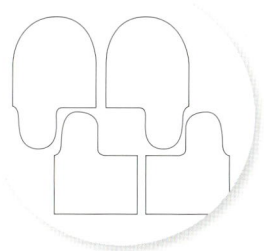
패턴(도안)
작품을 만들 때 필요한 원형본입니다. 책에서 직선 패턴은 사이즈대로 재단하고, 실물 도안이 있는 작품은 부직포 패턴지를 위에 올려 실선 그대로 따라 그려 옮깁니다.

식서 방향(세로올)
원단의 식서 방향은 굉장히 중요합니다. 재단할 때 세로올은 식서 방향, 가로올은 푸서 방향으로 폭의 방향을 말합니다. 올을 되도록 직각으로 세워 재단해야 틀어짐을 방지할 수 있습니다.

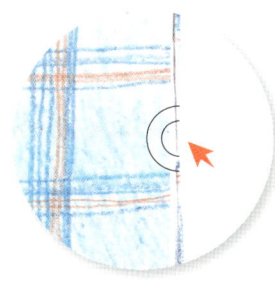
골선
재단할 때 원단을 반으로 접은 중심선으로, 골선 표시가 있으면 접어서 재단합니다.

상침
겉과 겉을 마주하여 합봉한 후에 겉에서 2mm 눌러박는 재봉법입니다. 겉감 위에서 박음질하기 때문에 안정감이 있습니다.

되박음질
시작과 끝은 매듭 역할을 하도록 후진 두어 땀 정도를 반복합니다. 되박음질하지 않으면 쉽게 뜯어집니다.

창구멍
뒤집기 위해 남겨두는 공간입니다. 창구멍을 통해 뒤집은 후에는 창구멍을 2mm로 상침하거나 손바느질로 공그르기하여 꿰매 마무리합니다.

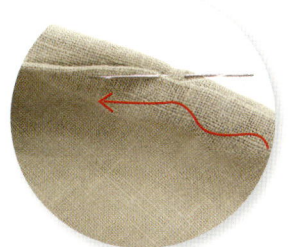
공그르기
뒤집은 후 창구멍을 막기 위한 손바느질을 말하며, 드러나지 않도록 틈 없이 꿰매는 기법입니다.

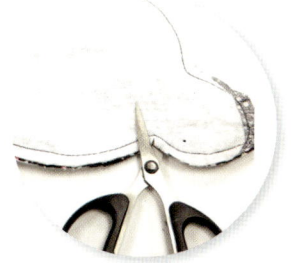
가윗밥
봉재할 때 뒤집기 전, 둥근 라인에 작은 가위를 이용해 사선으로 잘라 라인을 살려줍니다.

접착솜 부착
소품을 만들 때 가장 많이 쓰이는 접착솜은 2온스(숫자가 작을수록 얇은 두께) 접착솜입니다. 겉감이 탄탄하도록 접착솜의 풀칠되어 있는 반짝거리는 부분과 원단의 안쪽을 마주하여 다림열로 눌러 부착합니다.

CLASS

1

매일매일
자꾸 손이 가는

지갑 · 파우치

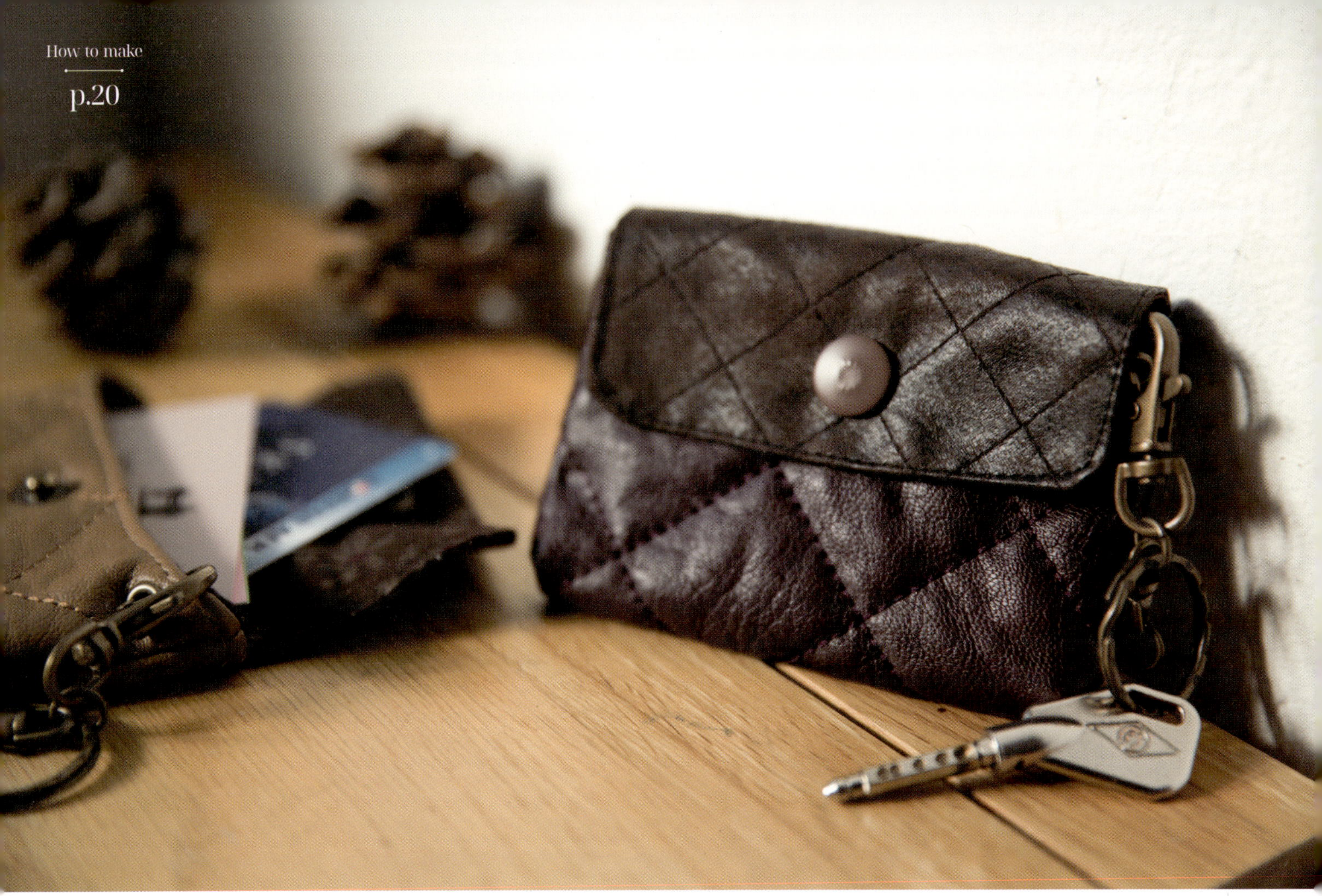

How to make
p.20

외출 필수품
카드&키홀더지갑

How to make
p.24

휴대하기 좋은
빈티지 카드지갑

보면 볼수록 귀여운
동전지갑

How to make
p.28

플러스 지갑
미니 배낭 손지갑

How to make
p.32

How to make
p.36

필통도 나만의 느낌으로
펜 파우치

How to make
p.40

백인백
화장품 파우치

멋스러움을 살린
육각바네 가죽 클러치

How to make
p.46

CLASS 1 매일매일 자주 손이 가는 **지갑·파우치**

How to make
p.52

가볍고 시원한
심플 왕골 파우치

수납 보따리
꽃잎 파우치

How to make
p.56

How to make
p.60

나들이 감성
패브릭 도시락 보자기

CLASS 1 | 매일매일 자꾸 손이 가는 **지갑·파우치**

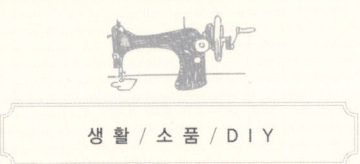

생활/소품/DIY

외출 필수품
카드&키홀더지갑

가죽으로 만들어서 더 멋스럽고 고급스러운 카드 키홀더 지갑입니다.
열쇠나 예쁜 키링을 걸 수 있고,
손 안에 쏙 들어와 휴대하기 좋은 아이템이에요.

Ready

재료
몸판 겉감 누빔가죽, 몸판 안감 40수 면원단, 덮개 겉감 가죽, 덮개 안감 40수 면원단, 키홀더 부속

재단
실물도안대로 몸판 겉감과 안감, 덮개 부분의 겉감과 안감을 모두 1장씩 재단한다.

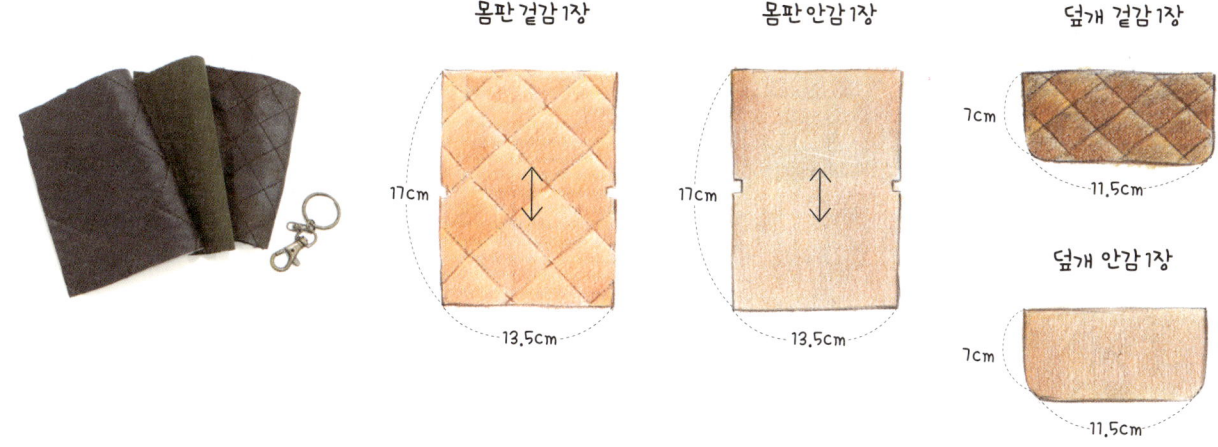

몸판 겉감 1장 — 17cm × 13.5cm
몸판 안감 1장 — 17cm × 13.5cm
덮개 겉감 1장 — 7cm × 11.5cm
덮개 안감 1장 — 7cm × 11.5cm

How to make

1. 덮개 겉감과 안감을 겉끼리 맞대고 합봉한다.

2. 모서리 4곳에 가윗밥을 주고 뒤집어 준다.

3. 덮개 겉감 가죽 테두리 부분을 2mm 상침으로 눌러박음질한다.

4. 몸판 겉감 상단에 덮개 부분을 일시적으로 고정한다.

5. 겉감 양옆을 박음질하고, 너비 부분도 맞대고 박은 후 뒤집어준다.

안감의 한쪽 옆선에 창구멍 5cm를 남기고 박음질한다.

겉감과 안감을 겉끼리 맞대고 입구 부분을 잘 맞춰 합봉한 후, 안감 창구멍으로 겉감을 빼낸다.

입구 부분을 2mm 상침으로 박음질하고 정리해준다.

옆에 키홀더를 장식할 구멍을 뚫고, 덮개 부분에 스프링도트로 여밈단추를 달아 완성한다.

생활/소품/DIY

휴대하기 좋은
빈티지 카드지갑

각종 명함이나 카드, 작은 메모나 사진 등을 보관하기 좋은 빈티지 느낌의 카드지갑입니다.
카드 속지가 있어 한눈에 찾아 볼 수 있는 군더더기 없는 디자인이에요.
실용성을 갖춘 소품을 직접 만들어보세요.

성안당 e러닝 BEST 강의

전기/전자
전수기, 정종연, 임한규, 류선희, 김영복, 김태영 교수

전기기능장, 전기(공사)기사·산업기사
전기기능사, 전자기사

소방
공하성, 유창범 교수

소방기술사
소방설비기사·산업기사
소방시설관리사, 소방공무원

G-TELP
오정석 교수

G-TELP LEVEL 2
문법·독해&어휘, 모의고사

산업위생/환경
**서영민, 임대성,
박기학, 김서현 교수**

산업위생관리기술사
산업위생관리기사·산업기사
산업보건지도사, 온실가스관리기사

사회복지/교육
이시현, 김재진, 최정빈 교수

직업상담사 1급
이러닝운영관리사

품질/화학/위험물
염경철, 박수경, 현성호 교수

품질경영기사, 화학분석기사
화공기사, 위험물기능장
위험물산업기사, 위험물기능사

기계/정보통신
허원회, 김민지 교수

공조냉동기계기사·산업기사
에너지관리기사, 일반기계기사
빅데이터분석기사

건축/토목
**안병관, 심진규, 최승윤,
신민석, 정하정 교수**

건축기사, 건축설비기사
전산응용건축제도기능사

◆ 안전·산업위생 분야

강좌명	수강료	학습일	강사
산업위생관리기술사 1차 대비반	1,000,000원	365일	임대성
산업위생관리기사 필기+실기	330,000원	240일	서영민
산업위생관리산업기사 필기+실기	330,000원	240일	서영민
산업위생관리기사·산업기사 필기+실기[청춘패스]	278,000원	365일	서영민
[1차+2차] 산업보건지도사_산업위생분야	700,000원	240일	서영민
가스기사 필기+실기	290,000원	365일	양용석
가스산업기사 필기+실기	280,000원	365일	양용석
산업안전지도사 1차 마스터 패키지	545,000원	180일	김지나, 어원석 이상국, 이준원
연구실안전관리사 1차+2차 합격 패키지	280,000원	2차 시험일까지	강지영, 강병규 이홍주
중대재해처벌법 실무	320,000원	90일	이상국

◆ 전기·전자 분야

강좌명	수강료	학습일	강사
전기안전기술사 1차 대비반	750,000원	365일	양재학
전기기능장 필기+실기	420,000원	240일	김영복
전기기사 핀셋특강 합격보장 패키지	380,000원	180일	전수기, 정종연, 임한규
전기산업기사 핀셋특강 합격보장 패키지	360,000원	180일	전수기, 정종연, 임한규
전기기사 실전형 0원 환급 TRACK	350,000원	3차 시험일까지	오우진, 문영철
전기산업기사 실전형 0원 환급 TRACK	320,000원	3차 시험일까지	오우진, 문영철
[전기기사·공사기사] 쌍기사 평생연장반	490,000원	합격할 때까지	전수기, 정종연, 임한규
[전기산업기사·공사산업기사] 쌍산업기사 평생연장반	450,000원	합격할 때까지	전수기, 정종연, 임한규
참! 쉬움 전기기능사 필기+실기[프리패스]	230,000원	365일	류선희, 홍성욱 외

성안당 e러닝 인기 동영상 강의 교재

" 국가기술자격 수험서는 52년 전통의 '성안당' 책이 좋습니다 "

소방설비기사 필기
공하성 지음

산업위생관리기사 필기
서영민 지음

공조냉동기계기사 필기
허원회 지음

전기기사 필기
문영철, 오우진 지음

전기자기학
전수기 지음

화학분석기사 필기
박수경 지음

품질경영기사 필기
염경철 지음

건축기사 필기
정하정 지음

일반기계기사 필기
허원회 지음

온실가스관리기사 필기
박기학, 김서현 지음

빅데이터분석기사 필기
김민지 지음

영상정보관리사
서재오, 최상균, 최윤미 지음

◆ 환경 분야

강좌명	수강료	학습일	강사
온실가스관리기사 필기+실기	280,000원	120일	박기학, 김서현
대기환경기사 필기	160,000원	120일	서성석

◆ 품질경영 분야

강좌명	수강료	학습일	강사
품질경영기사 필기+실기 Class[합격보장]	299,000원	180일	염경철 외
품질경영기사 필기 class	200,000원	180일	염경철 외
품질경영기사 실기 class	170,000원	120일	염경철
[품질경영 입문] 기초 통계의 이해와 적용	150,000원	90일	염경철

◆ 네트워크 · 보안 분야

강좌명	수강료	학습일	강사
영상정보관리사	250,000원	60일	서재오, 최상균, 최윤미
후니가 알려주는 기초 시스코 네트워킹	280,000원	90일	진강훈
네트워크관리사 1,2급 필기+실기	168,000원	90일	허 준
컴퓨터활용능력 2급 필기+실기	40,000원	180일	진광남
비범한 네트워크 구축하기	340,000원	60일	이중호
쉽게 배우는 시스코 랜 스위칭	102,000원	90일	이중호
CCNA	250,000원	60일	이중호
CAD 실무능력평가(CAT) 1급, 2급 실기	72,000원	90일	강민정, 홍성기
인벤터 기초부터 3D CAD 모델링 실무까지	90,000원	90일	강민정, 홍성기
디지털트랜스포메이션	80,000원	30일	주호재

성안당 e러닝

국가기술자격교육 **NO.1**
합격이 **쉬워**진다,
합격이 **빨라**진다!

당신의 합격 메이트,
성안당 이러닝

bm.cyber.co.kr

단체교육 문의 ▶ 031-950-6332

◆ 소방 분야

강좌명	수강료	학습일	강사
소방기술사 전과목 마스터반	620,000원	365일	유창범
[쌍기사 평생연장반] 소방설비기사 전기 x 기계 동시 대비	549,000원	합격할 때까지	공하성
소방설비기사 필기+실기+기출문제풀이	370,000원	170일	공하성
소방설비기사 필기	180,000원	100일	공하성
소방설비기사 실기 이론+기출문제풀이	280,000원	180일	공하성
소방설비산업기사 필기+실기	280,000원	130일	공하성
소방설비산업기사 필기	130,000원	100일	공하성
소방설비산업기사 실기+기출문제풀이	200,000원	100일	공하성
소방시설관리사 1차+2차 대비 평생연장반	850,000원	합격할 때까지	공하성
소방공무원 소방관계법규 문제풀이	89,000원	60일	공하성
화재감식평가기사·산업기사	240,000원	120일	김인범

◆ 위험물 · 화학 분야

강좌명	수강료	학습일	강사
위험물기능장 필기+실기	280,000원	180일	현성호,박병호
위험물산업기사 필기+실기	245,000원	150일	박수경
위험물산업기사 필기+실기[대학생 패스]	270,000원	최대4년	현성호
위험물산업기사 필기+실기+과년도	344,000원	150일	현성호
위험물기능사 필기+실기	240,000원	240일	현성호
화학분석기사 필기+실기 1트 완성반	310,000원	240일	박수경
화학분석기사 실기(필답형+작업형)	200,000원	60일	박수경
화학분석기능사 실기(필답형+작업형)	80,000원	60일	박수경

기술사 Premium 과정

구매자 전원 기술사 답안용지 무료 제공

+

PC/모바일 1년 무제한 수강 가능

소방기술사 유창범 교수

소방 기초 이론부터 최신 출제 패턴 분석
쉬운 이해를 돕기 위해
다양한 사례로 쉽게 풀어낸 강의
답안 작성을 위한 체크리스트부터 노하우까지 제시

~~1,000,000원~~
620,000원

산업위생관리기술사 임대성 교수

최신 기출 기반 문제풀이
예리한 출제 예상문제 예측
파트별 중요도, 답안 구성법 제시

~~1,200,000원~~
1,000,000원

도로 및 공항기술사 박효성 교수

단답형/논술형 완벽 대응
파트별 모의시험 자료 제시
최근 정책 동향 특강 제공

~~2,000,000원~~
1,400,000원

건축전기설비기술사 양재학 교수

전기설비 설계/감리 지식 배양
효율적 답안기록법 제시
예상문항에 대한 치밀한 접근

~~900,000원~~
750,000원

전기안전기술사 양재학 교수

기출로 해석하는 이론 학습
효율적 답안기록법 제시
연상기법을 활용한 전기 지식 이해

~~900,000원~~
750,000원

◆ 그 외 더 다양한 성안당 기술사 과정은 상단 QR 스캔 시 확인하실 수 있습니다.

◆ 기계·역학 분야

강좌명	수강료	학습일	강사
건설기계기술사 1차 대비반	630,000원	350일	김순채
산업기계설비기술사 1차 대비반	495,000원	360일	김순채
기계안전기술사 1차 대비반	612,000원	360일	김순채
금형기술사 1차 대비반	630,000원	360일	이재석 외
공조냉동기계기사 필기+실기(필답형)	250,000원	180일	허원회
공조냉동기계산업기사 필기	180,000원	90일	허원회
[합격할 때까지] 공조냉동기계기사 필기+실기(필답형)	300,000원	합격할 때까지	허원회
에너지관리기사 필기+실기(필답형)	290,000원	240일	허원회
[합격할 때까지] 에너지관리기사 필기+실기(필답형)	340,000원	합격할 때까지	허원회
[스펙업 패키지] 일반기계기사 필기+실기(필답형+작업형)	280,000원	합격할 때까지	허원회
신재생에너지발전설비기사 자격 취득반	290,000원	180일	김영복
[무한연장] 전산응용기계제도기능사 필기+실기+CBT 모의고사	170,000원	60일	박미향, 탁덕기
핵심 공유압기능사 필기+과년도	210,000원	210일	김순채
공조냉동기계기능사 필기+과년도	280,000원	240일	김순채

◆ 기타 분야

강좌명	수강료	학습일	강사
지텔프 킬링 포인트 65점 목표 달성	130,000원	90일	오정석
지텔프 킬링 포인트 50점 목표 달성	99,000원	60일	오정석
지텔프 킬링 포인트 43점반	60,000원	30일	오정석
PMP 자격대비	350,000원	60일	강신봉, 김정수
이러닝운영관리사 합격 보장반	150,000원	150일	최정빈, 임호용, 이선희
업무 생산성을 확 높이는 AI 서비스	70,000원	150일	김종철

성안당 e러닝 주요강좌		
소방설비기사·산업기사	전기(공사)기사·산업기사/전자기사	정보처리기사/빅데이터분석기사
건축(설비)기사/지적기사	에너지관리기사/일반기계기사	네트워크관리사/시스코네트워킹
산업위생관리사·산업기사	품질경영기사	위험물산업기사·기능사
공조냉동기계기사·산업기사	가스기사·산업기사	산림기사/식물보호기사
신재생에너지발전설비기사	토목기사	영상정보관리사
G-TELP LEVEL 2	직업상담사 1급/이러닝운영관리사	화학분석기사/온실가스관리기사

전자기사 필기+실기(작업형)	360,000원	240일	김태영

◆ 건축·토목·농림 분야

강좌명	수강료	학습일	강사
[정규반] 토목시공기술사 1차 대비반	1,000,000원	180일	권유동
[All PASS] 토목시공기술사 1차 대비반	700,000원	180일	장준득
건설안전기술사 1차 대비반	540,000원	365일	장두섭
건축전기설비기술사 1차 대비반	750,000원	365일	양재학
건축시공기술사 1차 대비반	567,000원	360일	심영보
도로 및 공항기술사 1차 대비반	1,400,000원	365일	박효성
건축기사 필기+실기 패키지[프리패스]	280,000원	180일	안병관 외
건축산업기사 필기	190,000원	120일	안병관 외
건축기사 필기	260,000원	90일	정하정
토목기사 필기	280,000원	210일	박경현, 박재성, 이진녕
산림기사 필기+실기 대비반	350,000원	180일	김정호
유기농업기사 필기	200,000원	90일	이영복
식물보호기사 필기+실기(필답형)	270,000원	240일	이영복
지적기사·산업기사 필기 대비반	250,000원	180일	송용희
농산물품질관리사 1차+2차 대비반	110,000원	180일	고송남, 김봉호
수산물품질관리사 1차+2차 대비반	110,000원	180일	고송남, 김봉호

◆ 정보통신 분야

강좌명	수강료	학습일	강사
[속성반] 빅데이터분석기사 필기+실기	270,000원	180일	김민지
[정규반] 빅데이터분석기사 필기+실기	370,000원	240일	김민지
정보처리기사 필기+실기	146,000원	90일	권우석

Ready

재료
겉감 빈티지가죽, 안감 20수 면원단, 카드 속지, 포인트라벨

재단
카드를 넣을 수 있는 28cm×13cm 정도의 크기로 겉감과 안감을 1장씩 재단한다.

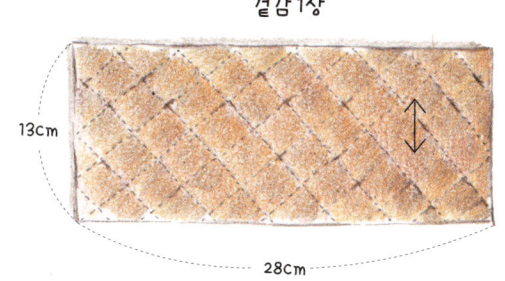

겉감 1장

안감 1장

How to make

1. 앞판이 될 겉감에 2mm 상침으로 포인트 라벨을 고정한다.

2. 겉감과 안감을 겉끼리 맞댄 후, 한쪽에 창구멍 8cm를 남기고 사방을 박음질한다.

3. 네 모서리를 사선으로 자른 후 뒤집는다.

4. 2mm 상침으로 창구멍도 막아준다.

카드 속지를 중앙에 놓고, 양쪽을 맞춰 반 접어 속지 끼울 자리를 만든다. 속지가 들어갈 수 있도록 2mm 상침으로 박음질한다.

박음질해 북커버처럼 만든 곳에 카드 속지를 넣어 마무리한다.

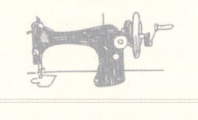

생활 / 소품 / DIY

보면 볼수록 귀여운
동전지갑

동전, 카드, 립스틱 등 작은 소품을 담기에 적당한
귀여운 디자인의 파우치예요.
보고 있으면 괜히 기분 좋아지고, 편하게 사용할 수 있는
동전 지갑을 만들어보세요.

Ready

재료

겉감 40수 나염원단, 안감 40수 무지원단, 2온스 접착솜, 광목원단(얼굴 부분), 지끈, 지퍼

재단

❶ 겉감과 안감을 실물도안대로 2장씩 재단한다.
❷ 접착솜을 2장씩 재단한다.
❸ 얼굴 부분을 실물도안대로 1장 재단한다.

How to make

1. 얼굴 부분이 될 광목원단을 사방 5mm 접어 다림질한다.

2. 겉감 2장에 2온스 접착솜을 다림열로 붙인다.

3. 겉감 상단 중심에 얼굴 부분 광목원단을 2mm 상침으로 눌러박는다.

4. 외노루발로 교체 후, 나머지 겉감 1장에 시접을 맞대고 지퍼를 박음질한다.

5. 안감도 지퍼 안과 맞대고 지퍼 부분을 박음질한다.

6. 겉감과 안감 지퍼 부분도 2mm 상침으로 눌러박는다.

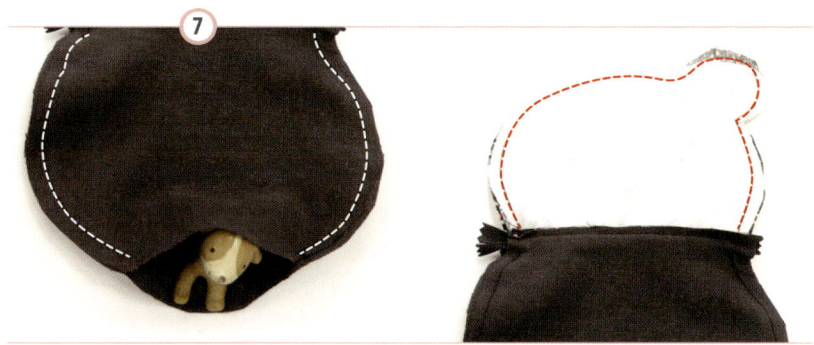

겉감 몸판에 둘러 박은 안감을 하단 창구멍 7cm 남기고 박음질한다.

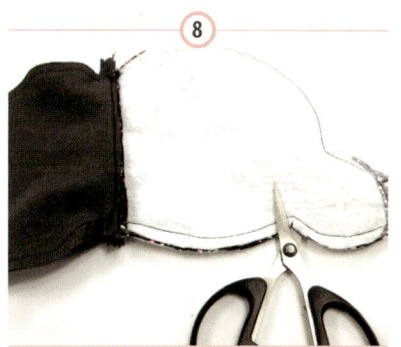

둥근 부분에 가윗밥을 준다.

얼굴 부분에 페브릭용 사인펜으로 표정을 그려준다.

똥머리 부분을 지끈으로 리본 묶음하여 마무리한다.

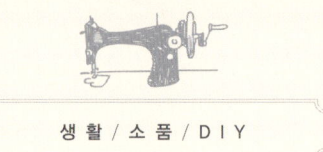

생활 / 소품 / DIY

플러스 지갑
미니 배낭 손지갑

가방, 지갑 없이 자유롭게 산책하거나 운동하고 싶을 때
편리하게 사용할 수 있는 아이템입니다. 잃어버릴 위험 없이 손목에 편안하게 착용하세요.
가방은 만들고 싶은데 아직 조금 어려운 분들이 만들면 좋은 아이템이에요.

Ready

재료
겉감 린넨무지원단, 안감 40수 면원단, 겉주머니 린넨나염원단, 2온스 접착솜, 웨이빙끈(16cm), 앤틱지퍼(10cm), 가죽라벨

재단
실물도안대로 재단한다.

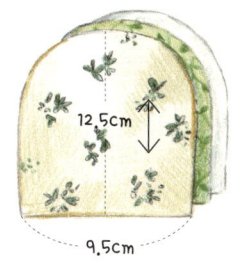

겉감 · 접착솜 · 안감 각 2장씩
12.5cm
9.5cm

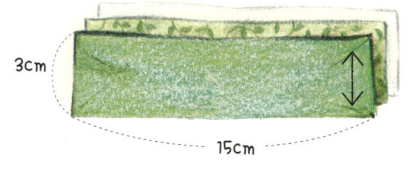

지퍼 부분
겉감 · 접착솜 · 안감 각 2장씩
3cm
15cm

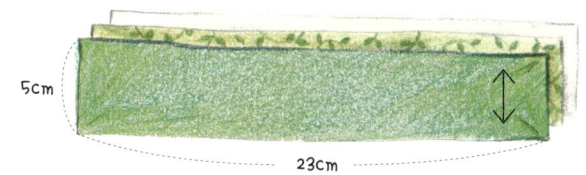

하단 테두리
겉감 · 접착솜 · 안감 각 1장씩
5cm
23cm

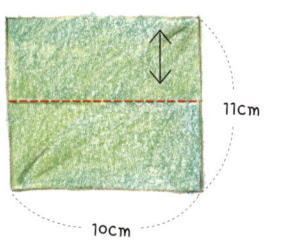

겉주머니 1장
11cm
10cm

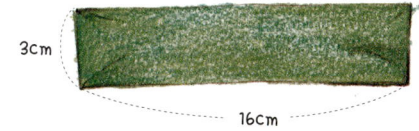

손목 웨이빙끈 1장
3cm
16cm

How to make

1

겉주머니 원단을 반으로 접은 후, 라벨을 리벳으로 고정하거나 손바느질한다.

2

겉감 1장 위에 겉주머니를 임시로 박아주고, 2온스 접착솜을 부착한다.

3

지퍼 부분 2장과 테두리 부분 하단에도 2온스 접착솜을 다림열로 부착한다.

4

외노루발로 지퍼 작업을 한다.

5

작업한 지퍼 부분과 테두리 부분 하단을 둥글게 이어준다. 한쪽에 끼움라벨을 박아준다.

6

겉감 세로선 중심을 초크로 표시한다. 손잡이가 될 웨이빙끈을 16cm 길이로 자른 후, 겉감 뒤판에 고정한다.

7

앞판과 뒤판 중심을 맞춰 지퍼 상단과 테두리 하단을 둘러서 박는다.

⑧

지퍼 안감을 1cm 접어 하단 테두리와 함께 박은 후, 몸판과 맞대고 박음질한다.

⑨

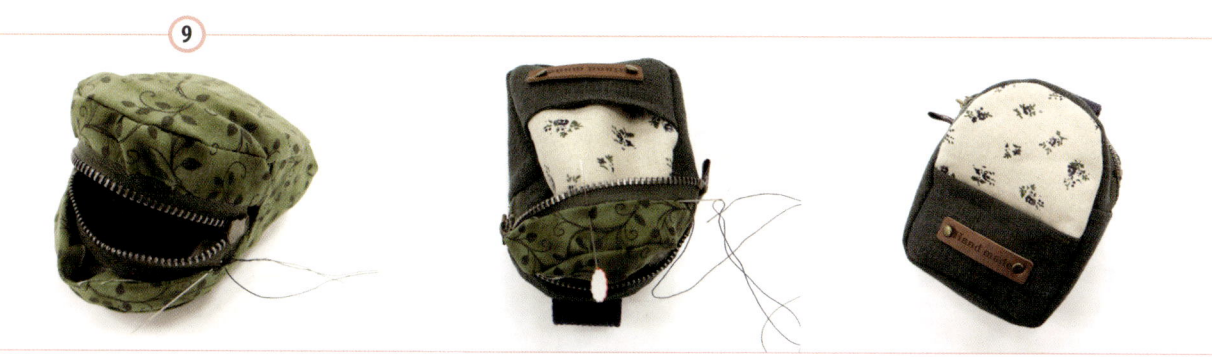

작업한 겉감을 맞대어 씌운 후, 지퍼 부분을 공그르기하여 마무리한다.

생활 / 소품 / DIY

필통도 나만의 느낌으로
펜 파우치

심플한 디자인에 달각달각 소리 날 걱정 없는 가벼운 패브릭 필통을 만들어보세요.
용도에 따라 긴 브러쉬를 담으면 브러쉬 파우치로,
필기구를 담으면 필통으로 사용할 수 있습니다.

Ready

재료
겉감 9수 캠퍼스원단, 안감 40수 배색원단, 앤틱지퍼(20cm), 가죽라벨

재단
겉감과 안감을 각각 25cm×12cm로 2장씩 재단한다.

Tip
9수 원단은 두께감이 충분하므로 접착솜을 부착하지 않아도 된다.

겉감 2장

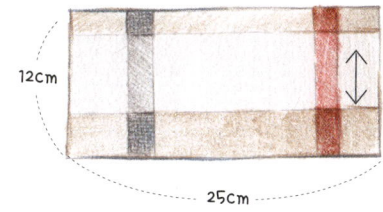

안감 2장

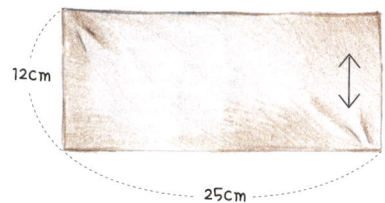

How to make

앞면이 될 겉감 하단 옆에 가죽라벨을 손바느질한다.

겉감 위에 지퍼를 올려놓고 외노루발로 박음질한다.

안감을 지퍼 안쪽과 맞대어 양쪽을 박음질한다.

겉감과 안감을 펼친 후, 겉감 위에서 지퍼 위 2mm 상침으로 눌러박는다.

겉감끼리 맞대어 ㄷ자로 박아주고, 안감도 맞대어 ㄷ자로 3면을 박음질한다. 하단에 창구멍을 7cm 남기고 합봉한다.

창구멍으로 뒤집어 겉감을 빼낸 후, 창구멍을 2mm로 박음질하여 마무리한다.

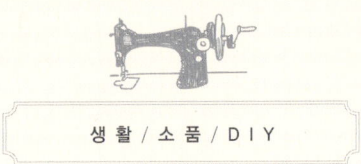

생활 / 소품 / DIY

백인백
화장품 파우치

소지품에 따라 모양이 부드럽게 잡히고,
앞뒷면 어느 쪽으로 들어도 감각적으로 연출할 수 있는 화장품 파우치입니다.
핸드메이드의 멋이 느껴지는 파우치를 원하는 크기대로 만들어보세요.

Ready

재료
겉감 40수 나염원단, 겉감 무지원단, 안감 40수 무지원단, 2온스 접착솜, 포인트가죽, 지퍼(28cm), 가죽라벨

재단
겉감, 안감, 접착솜을 가로 지퍼 길이에 맞춰 28cm×21cm로 각각 2장씩 재단한다.

겉감 2장

21cm × 28cm

안감 2장

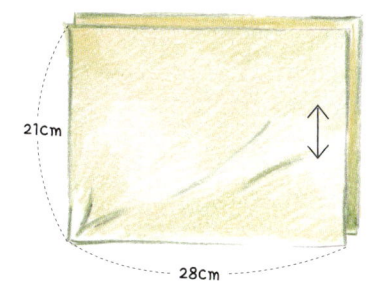

21cm × 28cm

접착솜 2장

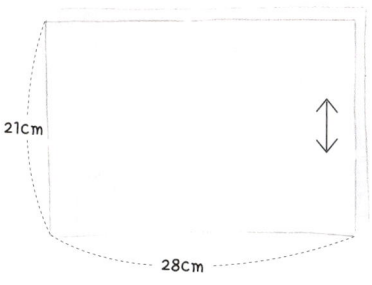

21cm × 28cm

> **TIP**
> 나염원단과 어울리는 무지원단을 선택하거나, 취향에 따라 앞뒤 모두 나염원단으로 만들어도 좋다.

CLASS 1 매일매일 자주 손이 가는 지갑·파우치

How to make

겉감 2장에 2온스 접착솜을 대고 다림열로 붙인다.

앞판 겉감 하단에 포인트가 되는 가죽을 대고, 2mm 상침으로 박음질하여 멋을 더한다.

뒤판 하단에 핸드메이드 라벨을 손바느질로 고정한다.

외노루발로 교체 후, 겉감 상단에 지퍼 부분을 박음질한다. 안감 겉과 지퍼 안쪽을 맞대어준다.

겉감 지퍼 바로 아래를 2mm 상침으로 눌러박는다.

지퍼를 제외한 겉감, 접착솜, 안감을 2mm 상침으로 박음질한다.

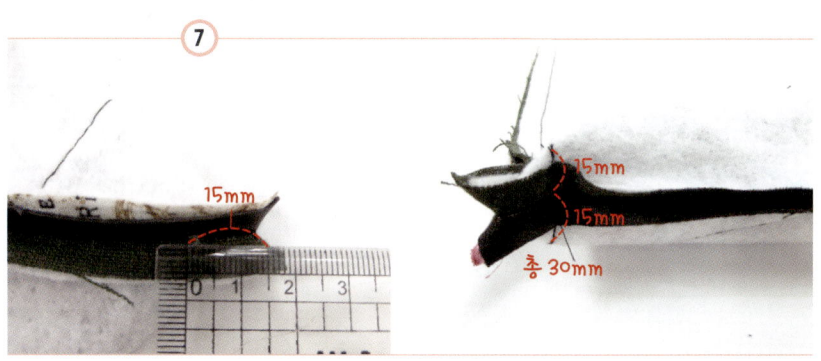

너비 15mm로 겉감 바닥을 만들고, 하단 모서리에 너비 3cm로 박음질한다.

8

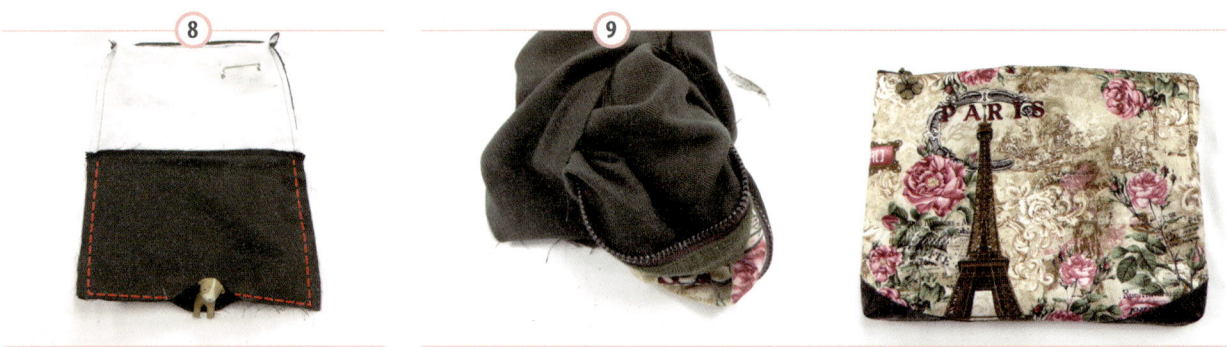

안감 하단에 창구멍 10cm 정도 남기고 박음질한다.

9

창구멍을 통해 겉감을 빼낸 후, 창구멍을 2mm 상침으로 막고 마무리한다.

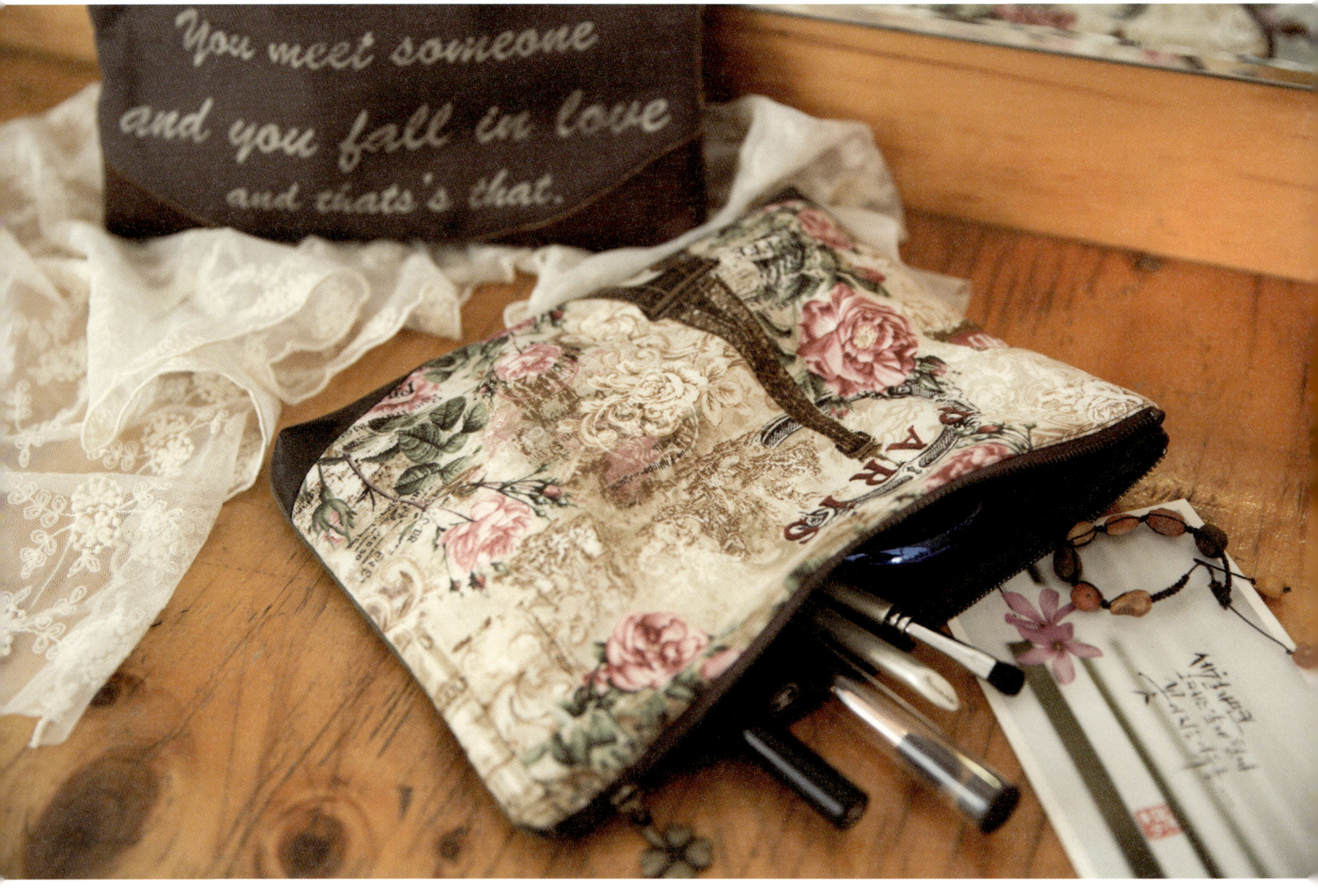

CLASS 1　매일매일 자꾸 손이 가는 **지갑·파우치**

생활/소품/DIY

멋스러움을 살린
육각바네 가죽 클러치

기분에 따라, 룩에 따라 다양한 패턴으로
스타일을 연출할 수 있는 매력적인 가죽 클러치입니다.
탄탄한 가죽 소재가 물건을 넣었을 때 각을 잡아주어
더욱 고급스러움을 느낄 수 있어요.

Ready

재료
겉감 가죽, 안감 나염원단, 속주머니 안감 나염원단, 2온스 접착솜, 20수 무지원단, 바네 부속(36cm)

재단
❶ 겉감을 바네 길이에 맞춰 가로 34cm, 세로 22cm로 2장 재단한다. 세로 길이는 자유롭게 결정한다.

❷ 접착솜과 안감도 34cm×22cm의 크기로 2장씩 재단한다.

❸ 바네를 감싸는 용도의 20수 무지원단을 31cm×6.5cm로 2장 재단한다.

TIP 바네를 감싸는 원단은 탄탄한 20수 면원단 정도가 적당하다.

❹ 속주머니 나염원단을 15cm×18cm의 크기로 1장 재단한다.

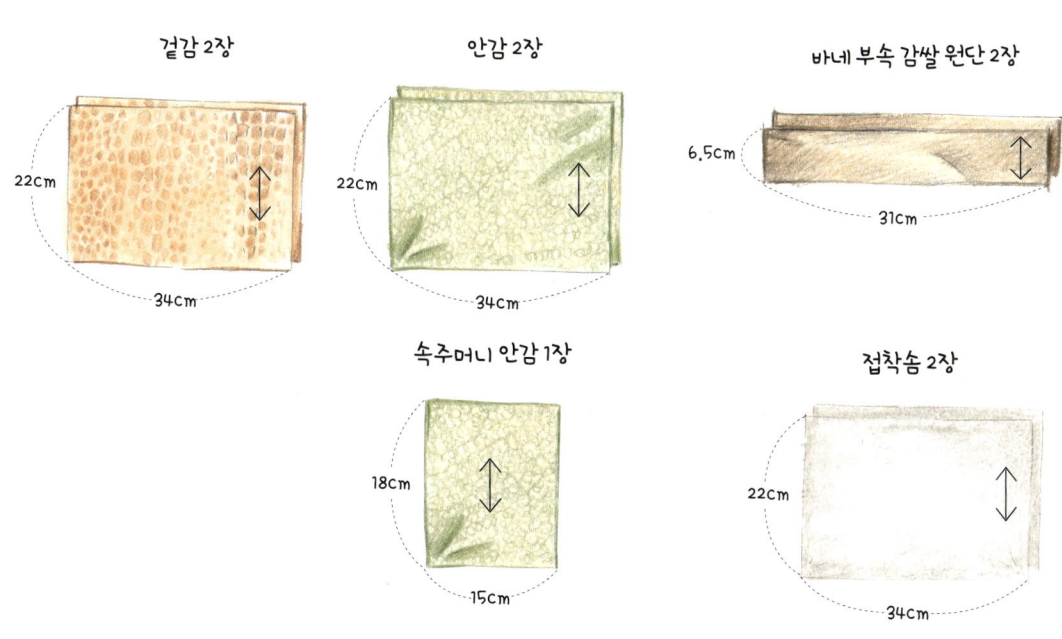

How to make

겉감 가죽 2장에 2온스 접착솜을 다림열로 부착한다.

바네를 감쌀 원단 2장을 양옆 8mm씩 다림열로 고정하고 반으로 접은 후, 2mm 상침으로 박음질한다.

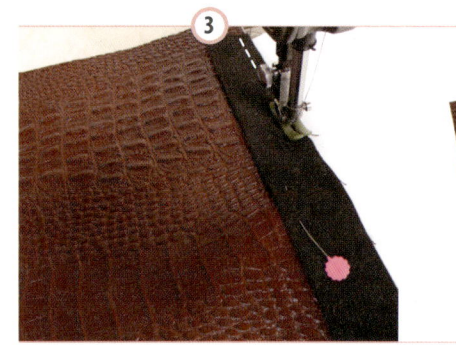 

겉감 입구 부분과 박음질한 바네를 감쌀 원단을 중심에 맞춰 댄 후, 8mm 시접으로 박음질한다.

속주머니 원단을 상단은 3cm, 나머지 3면은 5mm 안으로 접어 다림질한 후, 안감에 박음질한다. 안감에 창구멍 12cm 남기고 겉끼리 박음질한다.

CLASS 1 매일매일 자꾸 손이 가는 **지갑·파우치**

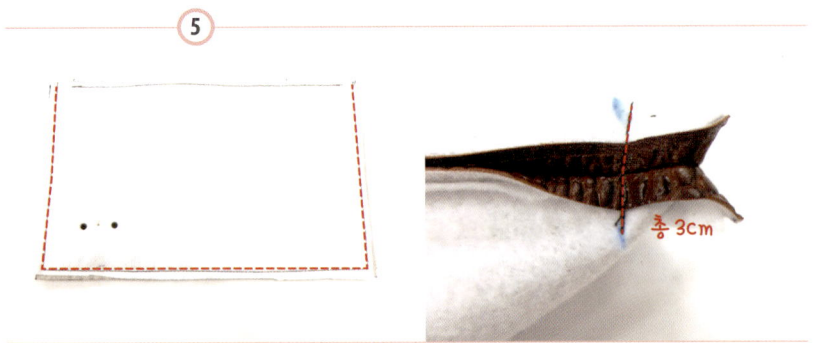

가죽을 겉끼리 맞대고 박음질한 후, 바닥 너비를 3cm 정도 주어 세운다.

만들어놓은 안감을 겉감에 씌우고, 상단 입구 부분을 돌려가며 박음질한다.

창구멍을 통해 뒤집어 겉감을 빼낸 후, 겉감 입구 테두리를 2~3mm 상침한다.

바네가 통과할 부분에 육각바네를 끼운다. 구멍핀트에 맞춰 나사를 꽉 끼워 장착하여 완성한다.

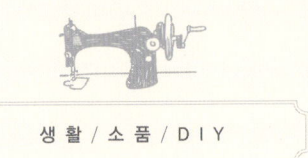

생활/소품/DIY

가볍고 시원한
심플 왕골 파우치

유연한 왕골원단이 깔끔하면서도 트렌디한 느낌을 주는 클러치입니다.
큼지막한 크기로 수납하기 편리하고, 소재의 특성상 여름에 데일리로 들기 좋은
시원한 느낌의 아이템입니다.

Ready

재료

겉감 왕골원단, 안감 20수 무지원단, 지퍼(35cm), 가죽 손잡이(37cm), 가죽라벨

재단

1. 겉감 왕골원단을 39cm×25cm로 2장 재단한다.
2. 안감 20수 무지원단도 39cm×25cm로 2장 재단한다.
3. 속주머니를 40cm×20cm, 25cm×20cm로 1장씩 재단한다.

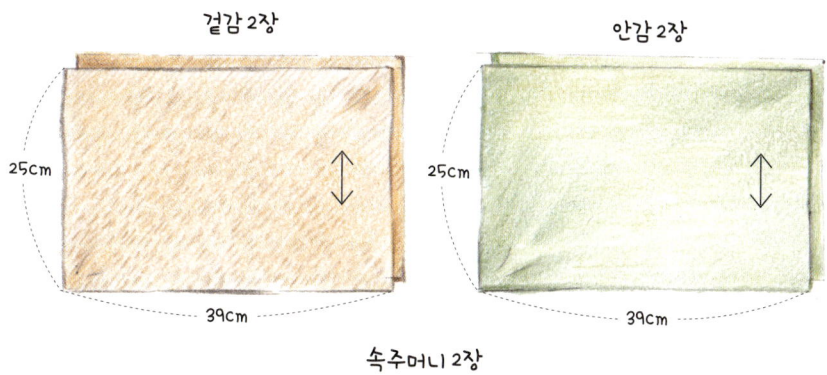

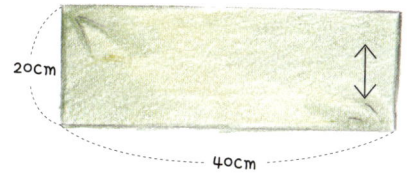
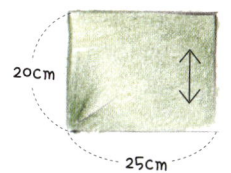

How to make

1. 겉감 왕골원단 1장의 오른편 하단에서 약 7cm 지점에 가죽라벨을 손바느질로 달아준다.

2. 안감 속주머니 2장을 사방 오버로크한다. 상단에 30mm 접착테이프를 다림열로 붙인 후, 안으로 30mm 접어 다려준다. 나머지 3면은 5mm 접어 다림질한 후, 가로선 상단을 박아준다.

3. 안감 중심에서 8cm 내려온 지점에 만들어놓은 작은 주머니를 2mm 상침으로 박음질한다. 반대편에 큰 주머니(40×20mm)를 가로선 중심선을 그어 박음질한다.

4. 외노루발로 교체 후, 겉감과 지퍼를 겉끼리 맞대고 박는다.

5. 지퍼 박음질선에 안감 겉을 맞대고 박음질한다.

6. 겉감 겉을 2mm 상침으로 정교하게 박아준다.

겉감과 지퍼를 겉끼리 맞대고 박는다.

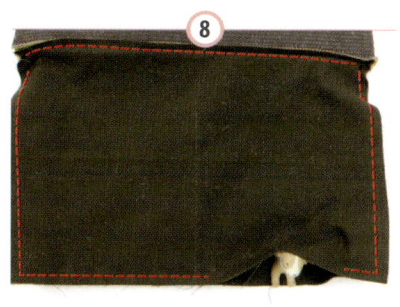
안감도 한쪽에 창구멍 8cm를 남기고 박음질한다.

창구멍으로 뒤집어 겉감을 빼낸다.

펀칭기구를 사용해 5mm 간격으로 뚫은 후, 하단을 손바느질로 고정한다. 착용 시 안정감과 세련미를 더해줄 가죽끈을 달아 완성한다.

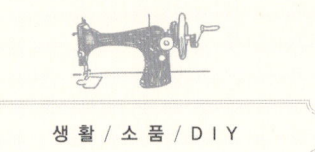

생활/소품/DIY

수납 보따리
꽃잎 파우치

다양하게 활용할 수 있는 꽃잎 모양의 파우치를 소개합니다.
홈패션할 때 필요한 반짇고리나 사탕, 초콜릿 같은 간식 보관함,
샘플로 받은 화장품 파우치로도 사용할 수 있어요.
의외로 정말 다양하게 활용 가능한 만능 아이템입니다.

Ready

재료
겉감 린넨자수원단, 안감 린넨무지원단,
오시도리끈(70cm), 원목방울 2개

재단
겉감과 안감을 35cm×35cm로 1장씩 재단한다.

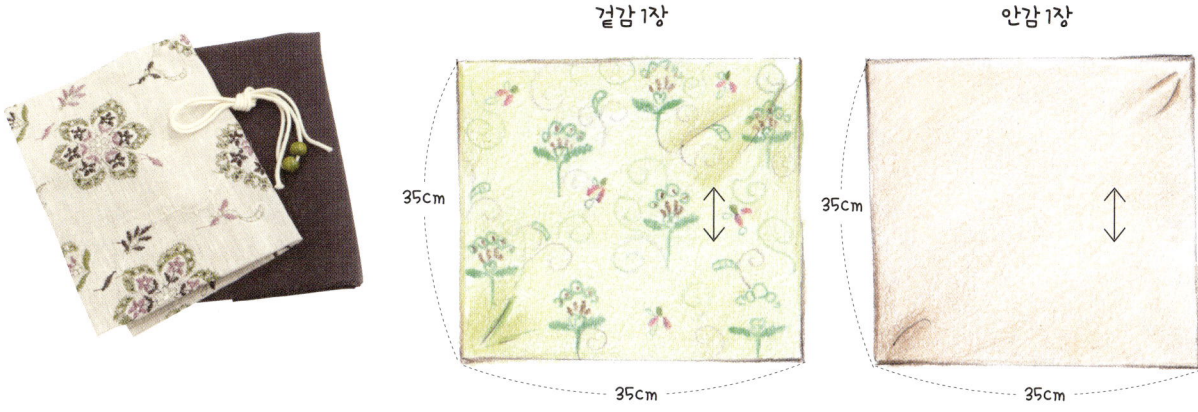

겉감 1장 / 안감 1장

How to make

겉감 린넨자수원단과 안감 린넨무지원단을 겉끼리 맞댄다. 10cm 창구멍을 남겨두고 둘러 박는다.

모서리 시접을 4군데 모두 사선으로 자른 후, 창구멍으로 뒤집는다.

창구멍은 공그르기하거나 2mm 상침으로 전체 눌러박기한다.

모서리 4군데 모두 양옆에서 12cm 지점을 초크로 표시한 후, 삼각으로 접어 핀으로 고정한다.

폭 15mm의 끈이 지나갈 수 있는 통로가 되도록, 삼각 모양의 바깥선을 접어 넣고 박음질한다.

옷핀에 끼운 오시도리끈(70cm)을 사방으로 돌려 끼운 후 잡아당긴다. 오시도리끈은 파우치를 오므리는 여밈 역할을 한다.

끈 매듭에 포인트로 원목방울을 묶어 마무리한다.

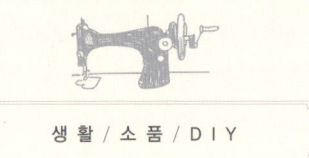

생활 / 소품 / DIY

나들이 감성
패브릭 도시락 보자기

간식이나 도시락을 담는 용도로 활용할 수 있는 도시락 보자기예요.
내추럴한 감성이 돋보이는 생활용품입니다.
평소 부엌에 아무렇게나 놓여 있는 식자재들을 보관할 수도 있고,
그 외 잡동사니를 넣어두면 인테리어 효과까지 낼 수 있어요.

Ready

재료
겉감 나염원단, 안감 배색무지원단

재단
실물도안대로 겉감과 안감을 1장씩 재단한다.

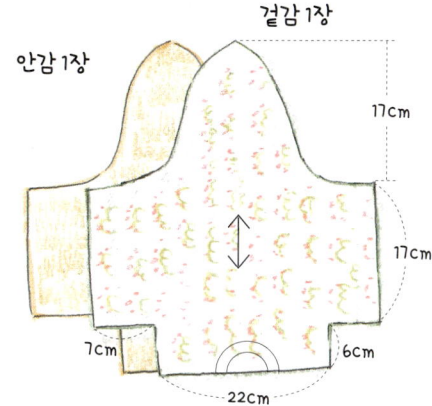

How to make

겉감 안 양옆을 박음질한다.

하단 바닥 시접을 가름솔로 박음질한다.

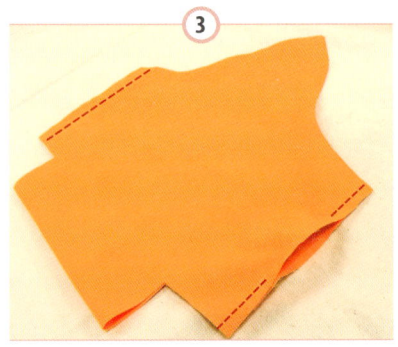
창구멍 6cm 정도 남기고 안감의 양옆을 박음질한다.

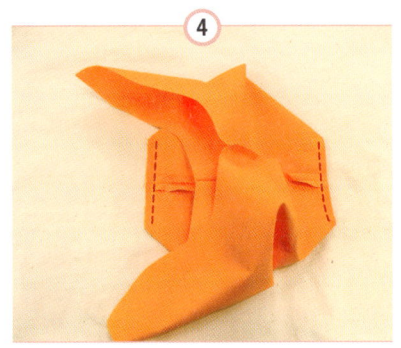
펼쳐서 하단 바닥도 박음질한다.

겉감이 보이게 뒤집고 안감과 마주하게 씌운 후, 전체적으로 박음질한다.

창구멍으로 뒤집은 후, 테두리 부분을 전체적으로 2mm 상침으로 박음질하여 마무리한다.

CLASS 1 　매일매일 자꾸 손이 가는 **지갑·파우치**

CLASS

2

생활이 즐거워지는
소소한

일상 소품

복을 부르는
부엉이 행잉 가랜드

How to make
p.72

How to make
p.77

한 손에 잡히는 행복
햄프린넨 미니어처 백

How to make
p.80

소소한 행복
펜던트 목걸이&패브릭 브로치

CLASS 2 생활이 즐거워지는 소소한 일상 소품

How to make
p.84

사랑스러운 분위기를 연출하는
감성 보닛

How to make
p.88

온기를 선물하는
손모아 장갑

How to make
p.92

푹신푹신 꿀잠 방석
반려동물 침구매트

CLASS 2 | 생활이 즐거워지는 소소한 일상 소품

즐거운 산책 시간
반려견 하네스

How to make
p.96

편안한 여행을 위한 필수템
수면안대&슬리퍼

How to make
p.100

나만 입고 싶은 데일리룩
뷔스티에 레이어드 원피스

How to make
p.106

CLASS 2 생활이 즐거워지는 소소한 **일상 소품**

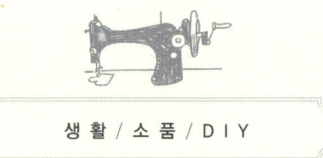

생활 / 소품 / DIY

복을 부르는
부엉이 행잉 가랜드

복을 불러오는 부엉이 인형을 단 가랜드를 만들어 공간을 연출해보세요.
허전한 벽이나 문, 선반 등 아기자기하게 포인트를 줄 수 있는 소품으로
집들이 신혼부부 선물로도 추천합니다.

Ready

재료
순면나염원단 2종(몸판은 조금 진한 톤, 배 부분은 연한 내추럴톤이 잘 어울림), 구름 솜 조금, 눈 단추 2개, 나뭇가지, 지끈

재단
실물도안대로 몸판 원단과 배 부분 원단을 1장씩 재단한다.

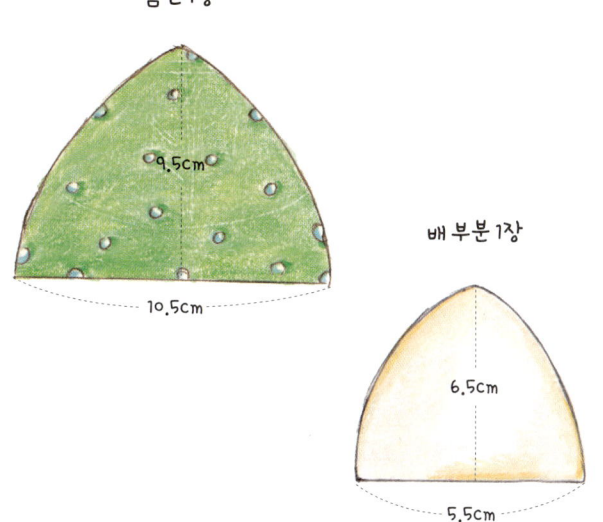

몸판 1장 — 9.5cm / 10.5cm

배 부분 1장 — 6.5cm / 5.5cm

How to make

1. 배 부분을 몸판 한쪽 측면에 맞춰 박음질한다. 남은 배 부분은 반대쪽 측면에 맞춰 박음질한다.

2. 뾰족하게 나온 부분을 이어 접어 박음질하여 부리 모양의 입을 만든 후, 뒤집는다.

3. 갈색 계열의 면실로 부리 부분을 4~5땀 자수로 여러 번 손바느질한다.

4. 몸통에 솜을 가득 채우고 홈질로 오그려 잡아당긴다.

5

눈 단추를 달아 눈을 만들어 마무리한다.

6

같은 방법으로 부엉이를 여러 개 만든다.
글루건으로 나뭇가지에 나란히 부착한다.

생활 / 소품 / DIY

한 손에 잡히는 행복
햄프린넨 미니어처 백

머리핀, 단추 같은 작은 물건을 담거나 다육이 같은 작은 화분을 담아서
데코용으로 활용할 수 있는 귀여운 미니 사이즈의 소품입니다.
카페나 스튜디오에서 인테리어 소품으로 인기 좋은 아이템이에요.

Ready

재료
겉감 햄프린넨원단, 안감 무지원단, 2온스 접착솜, 테두리 가죽, 손잡이 가죽끈(12cm), 가죽라벨

재단
1. 겉감 햄프린넨원단을 8.5cm×8cm로 2장 재단한다. 2온스 접착솜도 겉감과 같은 크기로 2장 재단한다.
2. 안감 무지원단은 14cm×10cm로 2장 재단한다.
3. 가방 테두리 부분에 사용할 가죽을 23cm×6.5cm로 1장 재단한다.
4. 손잡이 부분에 사용할 12cm 가죽끈을 2줄 준비한다.

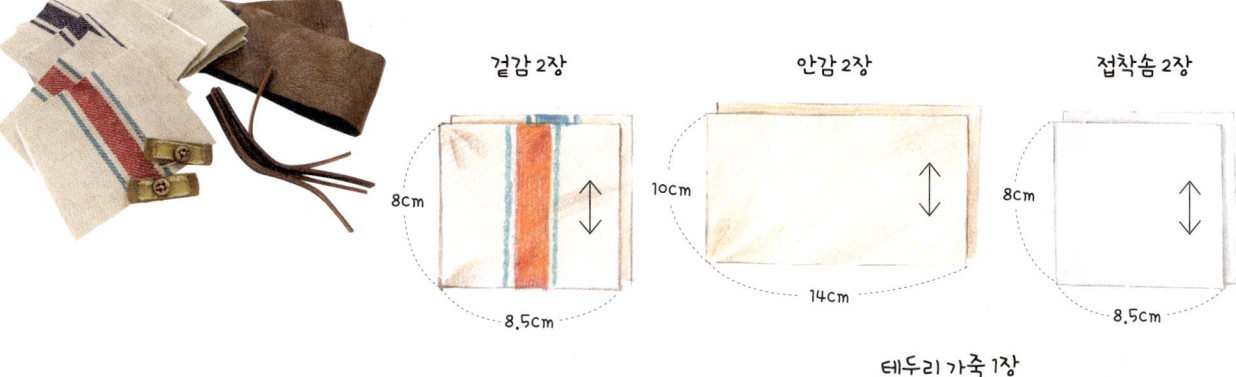

겉감 2장 — 8cm × 8.5cm
안감 2장 — 10cm × 14cm
접착솜 2장 — 8cm × 8.5cm

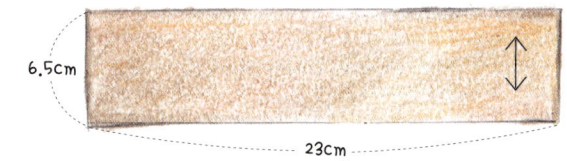

테두리 가죽 1장 — 6.5cm × 23cm

가죽끈 2줄 — 12cm

How to make

1. 겉감 햄프린넨원단 2장에 각각 접착솜을 대고 다림열로 붙여둔다. 겉감 1장의 하단 중심에 포인트라벨을 손바느질로 고정한다.

2. 겉감 2장의 하단 중심에 초크점을 찍고, 테두리 가죽 중심과 맞대어 박음질한다.

3. 겉감을 뒤집은 후 안감 2장을 맞댄다. 하단에 창구멍 6cm 남기고 ㄷ자 모양으로 박음질한다.

4. 겉감에 안감을 씌워 상단 입구 전체를 둘러박은 후, 창구멍을 통해 겉감을 빼낸다.

5. 입구를 다림열로 눌러가며 정리하고, 창구멍을 박음질한다.

6. 가죽끈에 펀칭기구로 구멍을 뚫은 후, 손바느질로 고정하며 마무리한다.

CLASS 2 | 생활이 즐거워지는 소소한 **일상 소품**

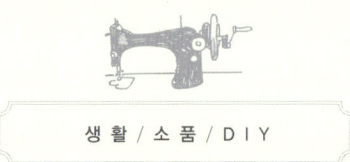

생활 / 소품 / DIY

소소한 행복
펜던트 목걸이&패브릭 브로치

좋은 일이 일어나길 기대하고 나쁜 기운을 물리친다는 상징의 물고기 모양 펜던트와
치즈끈을 엮어, 좋은 마음을 담아 선물해보세요.
패브릭 브로치는 나만의 느낌 있는 손바느질로 완성할 수 있어요.
다양한 곳에 연출하고 부담 없이 선물하기에도 좋은 아이템입니다.

펜던트 목걸이
Ready

재료
물고기 모양 나무장식, 구슬장식, 치즈가죽 왁스끈(80cm)

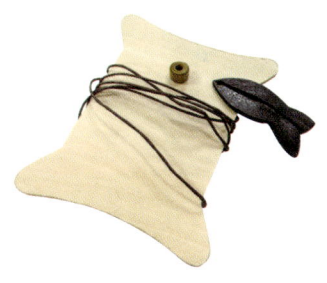

How to make

가죽끈에 물고기 모양 나무장식을 걸어 끼운 후, 동그란 구슬장식을 건다.

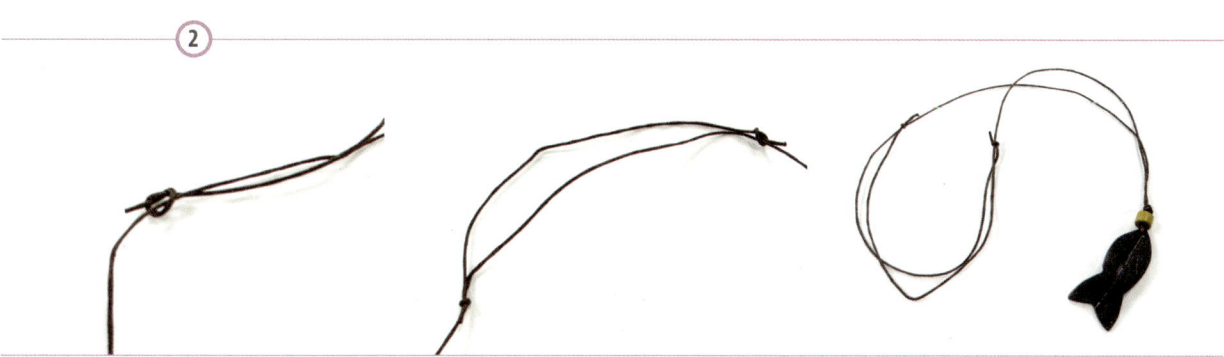

조절할 끈을 한 뼘 간격으로 중심끈에 묶어주면, 움직이면서 끈 길이를 조절할 수 있다.

패브릭 브로치
Ready

재료
다양한 나염원단, 구름솜 조금, 브로치용 핀

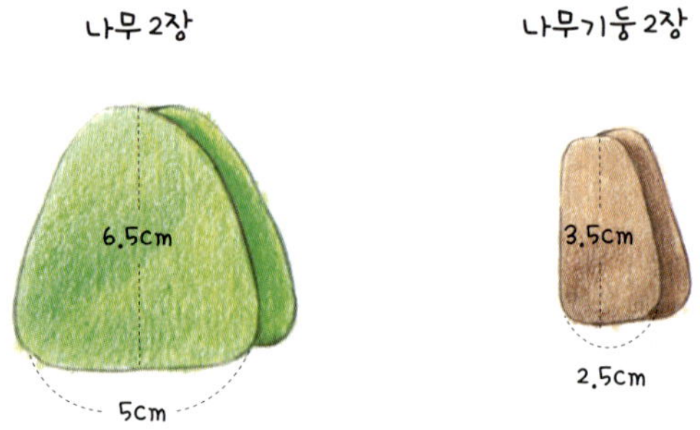

나무 2장 — 6.5cm, 5cm

나무기둥 2장 — 3.5cm, 2.5cm

1
나무 모양으로 재단한 나염원단 2장을 맞댄 후, 창구멍만 남기고 박음질한다. 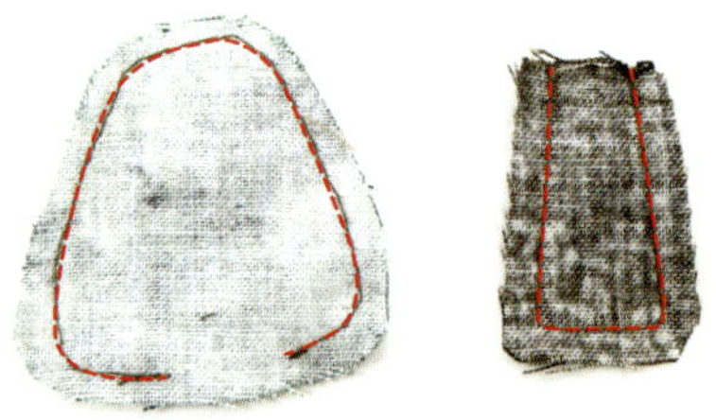

2
창구멍으로 뒤집은 후, 솜을 조금 넣어 볼륨감을 주고 박음질한다.

TIP 브로치 모양은 취향에 따라 자유롭게 만들면 된다.

3
스티치 장식으로 모양을 낸다.

4
만들어놓은 브로치에 글루건으로 핀을 부착하여 마무리한다.

생활 / 소품 / DIY

사랑스러운 분위기를 연출하는
감성 보닛

자연스러운 라인이 여성미를 더하고,
깊은 챙이 얼굴 전체를 가려주어 한여름 뜨거운 햇빛에도 걱정이 없는 보닛입니다.
끈이 달려 있어 야외 활동할 때 편하게 착용하기 좋아요.

Ready

재료
린넨무지원단 혹은 린넨나염원단

재단
❶ 실물도안대로 헤드 부분 5장, 챙 부분 2장을 준비한다.
❷ 50cm×5cm 크기의 끈을 2장 준비한다.

헤드 부분 5장 — 14.5cm, 13.5cm
챙 부분 2장 — 15cm
끈 2장 — 5cm, 50cm

How to make

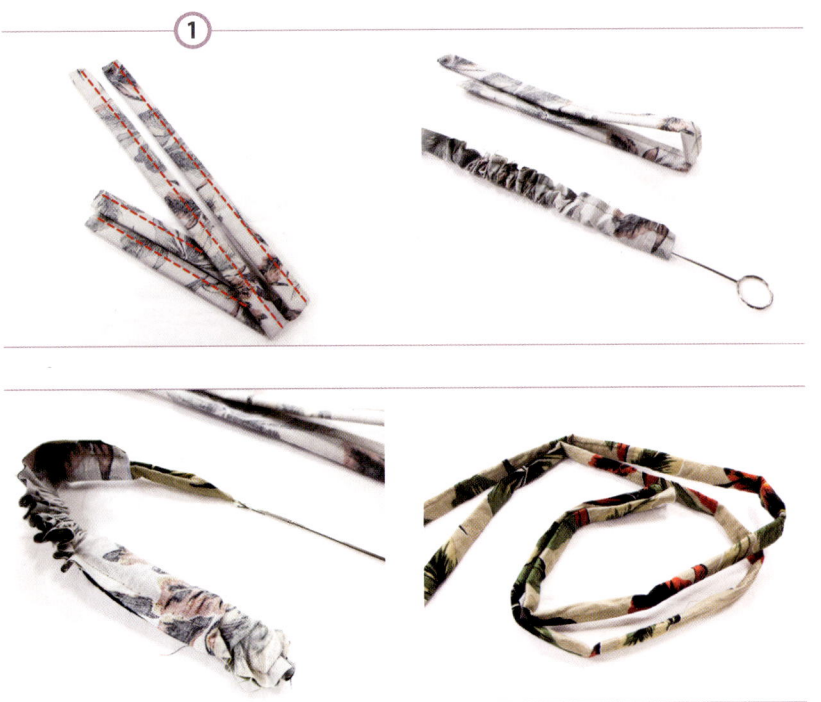

폭 5cm의 끈 원단 2개를 반으로 접어 박음질하고, 고리뒤집개를 이용하여 뒤집어준다.

헤드 부분으로 사용될 원단 5장을 이어 박고 오버로크한후, 겉으로 뒤집어준다.

챙으로 사용될 원단 2장의 직선 부분을 반 접어 박음질하고 가름솔한다.

모자의 챙이 되는 큰 부분을 2장 맞대어 박음질한다.

펼쳐서 한쪽에 2mm 상침으로 고정한다.

헤드 부분과 챙 부분을 마주 끼워 박음질한다. 양쪽에 끈을 박음질로 고정하며 둘레를 박고 오버로크한다.

헤드 부분과 챙 이은 부분을 오버로크로 마무리한다.

생활 / 소품 / DIY

온기를 선물하는
손모아 장갑

니트나 폴라폴리스 등 다양한 소재로 만들어 가볍고 보온성까지 좋아서,
포근하게 겨울을 보낼 수 있는 아이템이에요.
크리스마스나 연말 선물이 고민될 때 따뜻한 마음을 담아 의미 있는 선물을 해보세요.

Ready

재료
겉감 뜨개니트원단, 안감 램스퍼원단

TIP
램스퍼는 극세사 기능성 소재로, 가볍고 따뜻한 털 원단이다.

재단
실물도안대로 재단한다. 방향감이 중요하므로 설명대로 준비해 자른다.

TIP
- 안감인 램스퍼원단은 털 방향이 내려가도록 한쪽 방향으로 통일해 재단한다.
- 램스퍼원단은 6cm 연장하여 길이감을 더해서 재단한다.

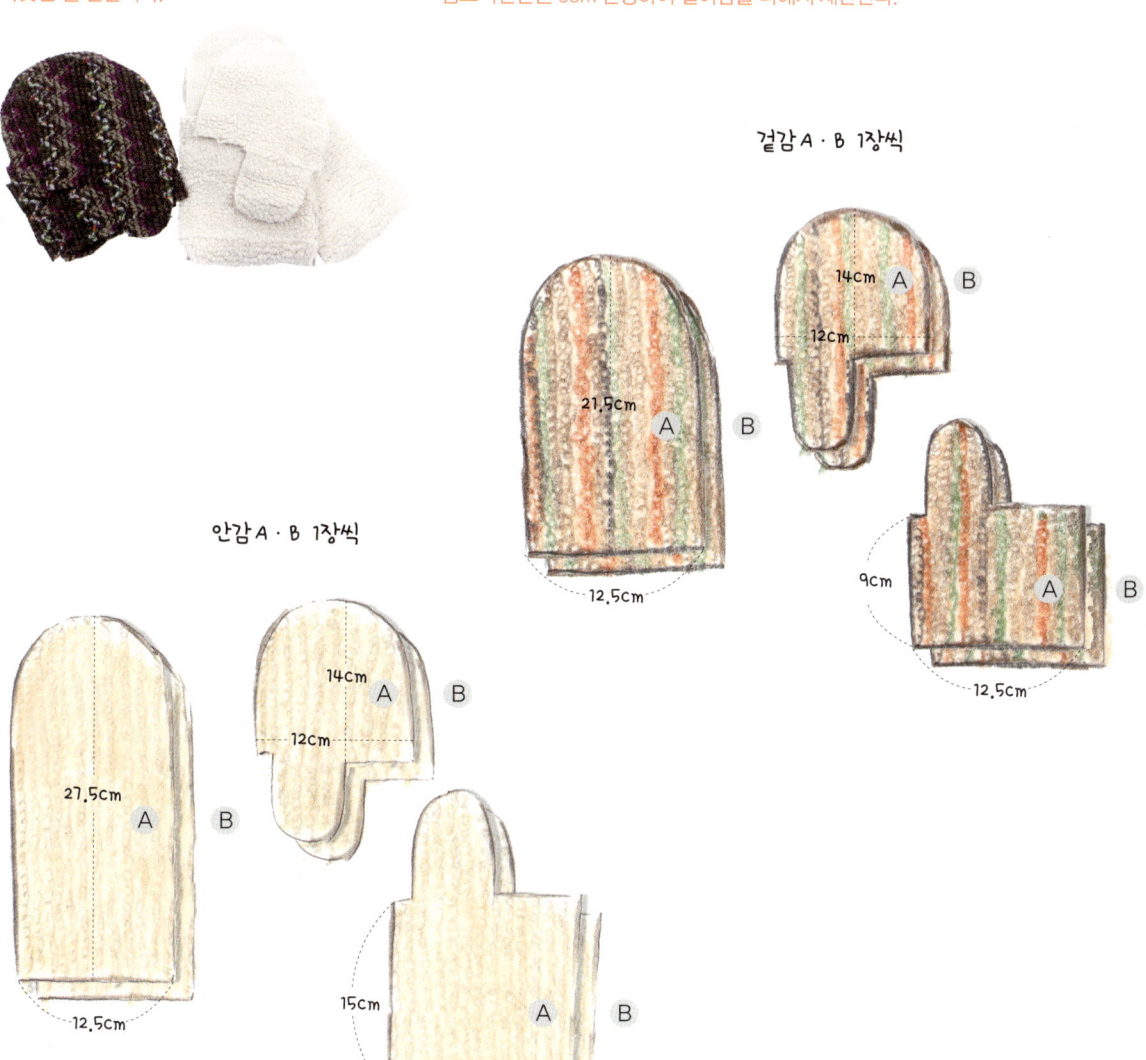

CLASS 2 생활이 즐거워지는 소소한 일상 소품

How to make

겉감 A와 A, B와 B의 손가락 모양을 마주하여 박음질한다. 곡선 부분에 가윗밥을 준다.

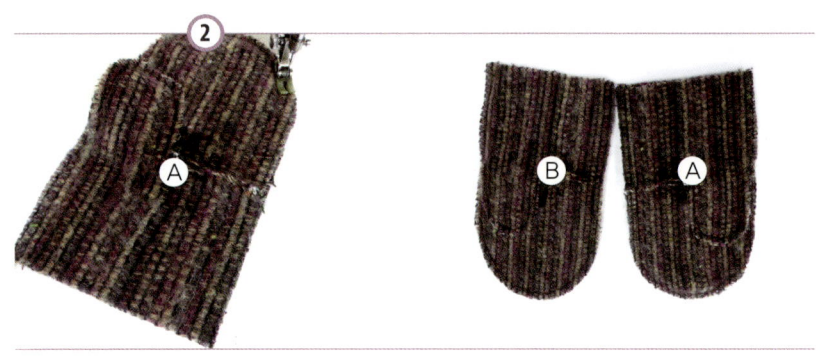

겉감 손바닥 부분을 손등 부분과 맞댄 후, 둥근 라인을 살려 박음질한다.

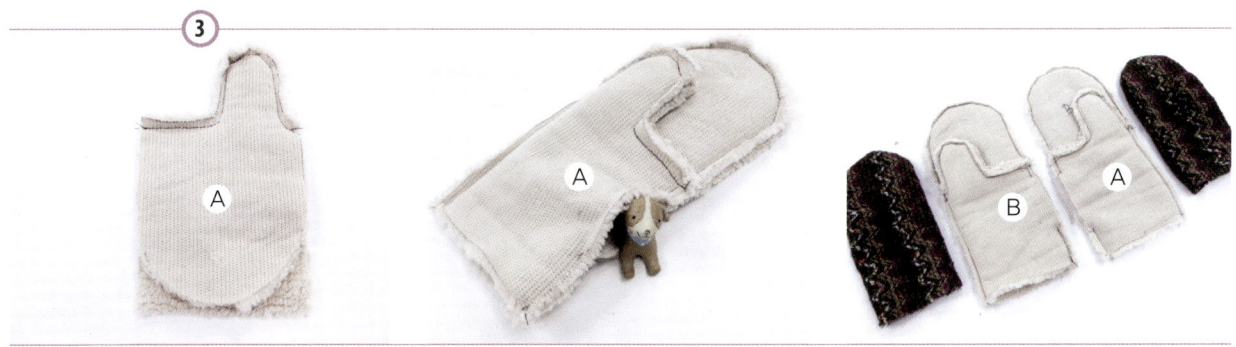

안감 램스퍼원단도 같은 방법으로 합봉하되, 한쪽 옆선에 창구멍 6cm를 남겨둔다.

겉감 니트원단은 뒤집은 상태로, 안감 램스퍼원단은 뒤집지 않은 상태로 끼워 맞춘 후, 전체 둘레를 박아준다.

창구멍으로 뒤집어 정리한 후, 창구멍을 공그르기로 손바느질한다.

겉감 곡선 부분에 안감이 빠져나오거나 겉돌지 않도록, 한 땀 바느질로 고정하여 묶고 꿰매어 완성한다.

생활 / 소품 / DIY

폭신폭신 꿀잠 방석
반려동물 침구매트

솜을 가득 채워 반려동물에게 최적의 폭신함을 주고,
가운데가 오목하게 파여 쏙 들어갈 수 있는 안정감이 있는 마약 방석입니다.
반려동물의 크기에 따라 넉넉한 사이즈로 만들어 선물해보세요.

Ready

재료
앞판 극세사퍼원단 1마, 뒤판 미끄럼방지 원단 1마, 구름솜 적당히

 Tip
봄, 여름에는 여름 인견누빔원단을 이용해 만든다.

재단
50cm×50cm 정사각형으로 재단한다. 대형견(묘)인 경우에는 100cm×70cm 정도로 재단한다.

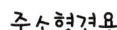

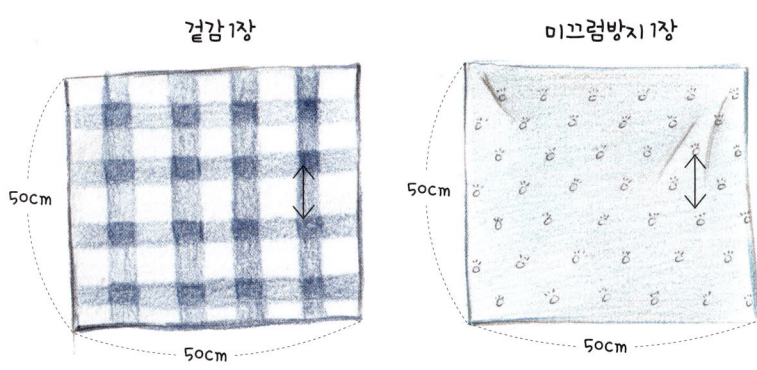

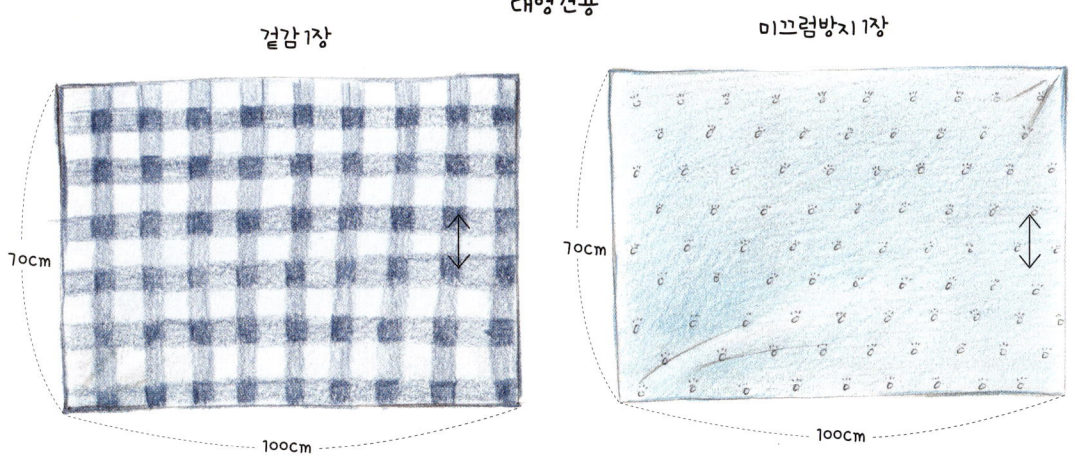

How to make

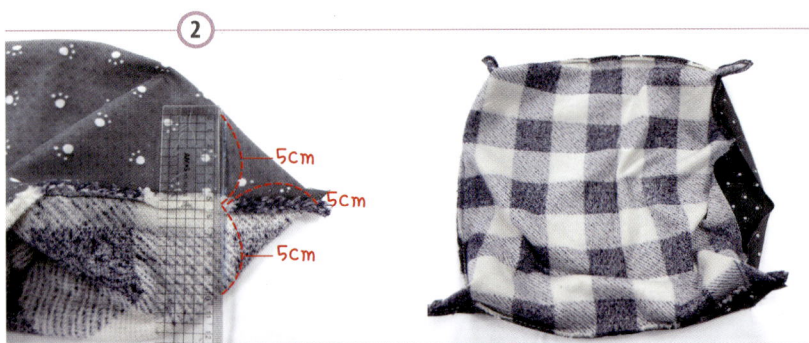

앞판과 뒤판을 겉끼리 맞댄 후, 한쪽에 창구멍 20cm 정도 남기고 둘러 박는다.

사방에 5cm씩 직각으로 총 10cm 너비를 세워 박음질한다.

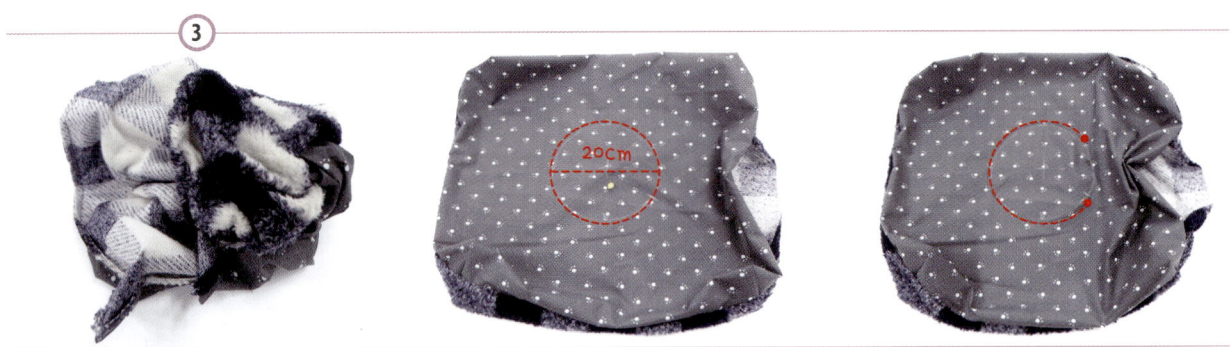

창구멍으로 뒤집은 후, 중심에 지름 20cm 정도의 원을 그린다. 원형 부분에도 창구멍 10cm 정도 남기고 상침한다.

Tip
원단이 크다면 타원형으로 그려도 좋다. 냄비 뚜껑을 활용하면 의외로 편리하다.

먼저 안에 구름솜을 얇게 깔아놓듯 채우고, 창구멍을 손바느질로 홈질하여 막는다. 테두리 부분에 구름솜을 적당히 골고루 채워 쿠션감을 살린 후, 창구멍을 공그르기로 마무리한다.

생활 / 소품 / DIY

즐거운 산책 시간
반려견 하네스

옷을 싫어하거나 몸이 불편한 아이들에게 맞춤형으로 만들어
조금이라도 더 편안함을 줄 수 있는 하네스입니다.
적정한 길이감의 하네스줄은 반려견과의 산책 시
편하고 즐거운 산책을 할 수 있게 도와주는 필수템입니다.

Ready

재료
신축성 있는 겉감과 안감(가볍고 활동성 좋은 네오프렌 소재가 적당), 스프링도트 스냅, 테이프 면끈(20mm), D링(2개)

재단
실물도안대로 겉감과 안감을 1장씩 재단한다.

Tip
반려동물의 가슴둘레에 맞게 자른다. 여밈 부분은 조금 여유 있게 만들어 스냅으로 고정하면 좋다.

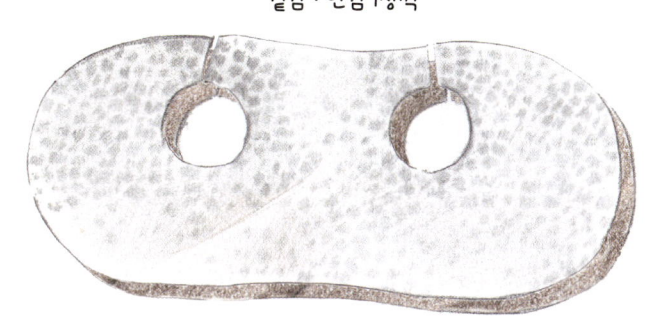

겉감·안감 1장씩

How to make

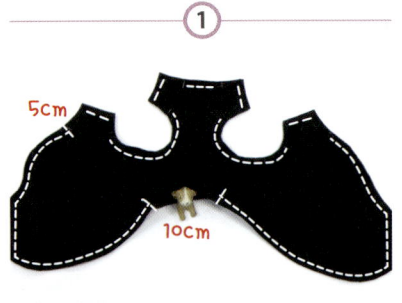

> **TIP**
> 가윗밥을 제대로 주지 않으면 둥근 라인의 완성도가 떨어진다.

겉감과 안감을 겉끼리 맞댄 후, 어깨끈 부분마다 5cm씩 남겨두고 둥근 선을 따라 박음질한다. 단, 하단에 창구멍 10cm 정도 남겨둔다.

뒤집기 전에 꼼꼼하게 가윗밥을 준다.

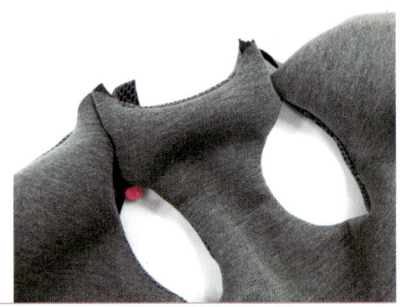

창구멍으로 뒤집은 후, 겉감은 겉감끼리 또 안감은 안감끼리 어깨 부분을 이어 붙여 박음질한다. 이때 5cm 여유분을 두고 박아준다.

어깨 4군데를 연결해 박음질하고, 시접을 가름솔로 가른다.

하단에 남겨둔 창구멍으로 겉감을 빼낸 후, 5cm 남겨둔 여유분을 박음질한다.

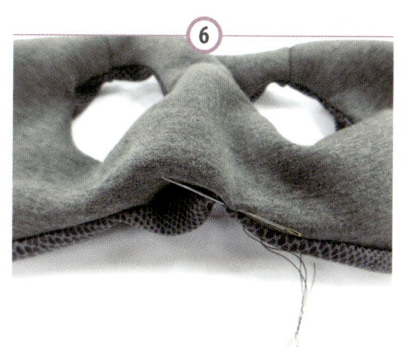

하단의 창구멍을 공그르기로 손바느질하여 막고, 라인을 정리해준다.

옷을 입혀 정확히 사이즈를 체크한 후, 여밈 부분 단추를 크로스랩으로 고정한다. 몸집에 맞게 여밀 수 있도록 스프링도트 스냅을 부착한다.

D링을 테이프 면끈에 걸어 박음질한다.

Tip
목줄을 걸 수 있도록 안전장치를 만들면 강아지가 훨씬 편안함과 안정감을 느낀다.

솔기를 정리하여 전체 라인을 잡고, D링에 목줄을 걸어 완성한다.

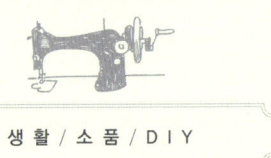

생활 / 소품 / DIY

편안한 여행을 위한 필수템
수면안대&슬리퍼

휴대가 간편하여 어디에서나 따뜻하고 편안한 꿀잠을 도와주는 수면안대와,
기내나 호텔에서 가볍게 신을 수 있는 여행용 실내 슬리퍼를 만들어보세요.
간단한 전용 보관 파우치까지 만들어 보관하면
즐거운 여행지에서 편리하게 오래오래 사용할 수 있어요.

수면안대
Ready

재료
포근한 기모면원단, 2온스 접착솜, 안감 40수 면원단, 안대 고무줄(폭 7mm, 30cm)

재단
실물도안대로 겉감과 안감, 접착솜을 1장씩 재단한다.

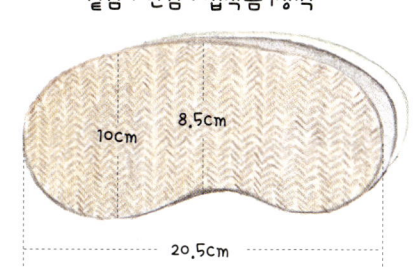

겉감·안감·접착솜 1장씩
10cm / 8.5cm / 20.5cm

고무줄 30cm

How to make

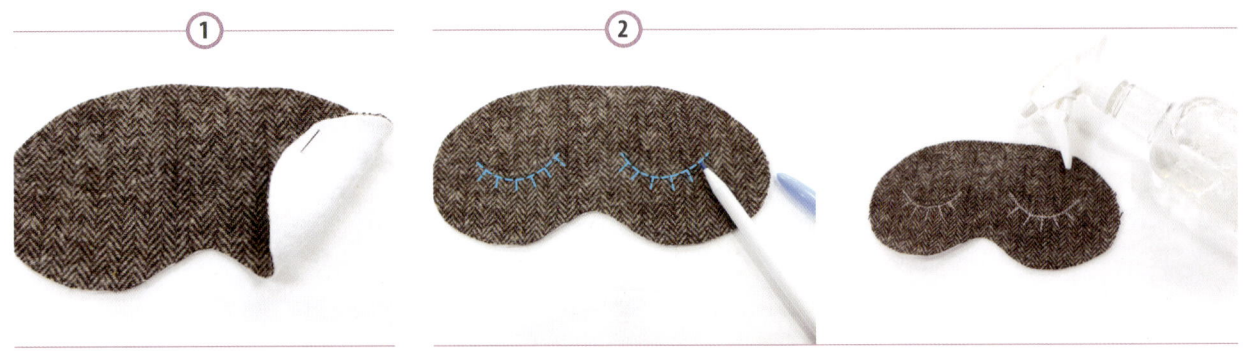

1. 겉감인 기모면 뒤에 접착솜을 다림열로 붙인다.

2. 겉감에 수성펜으로 감긴 눈 밑그림을 그리고, 실 4겹으로 수를 놓아 재미를 더한다.
   Tip 디지털 미싱의 자수 모양을 활용해 박아주면 쉽게 모양이 완성된다.

3. 겉감 양옆에 30cm 정도의 안대용 고무줄을 박음질하여 고정한다.

4. 만들어둔 겉감과 안감을 겉끼리 맞댄 후, 창구멍 5cm 남기고 박음질한다.

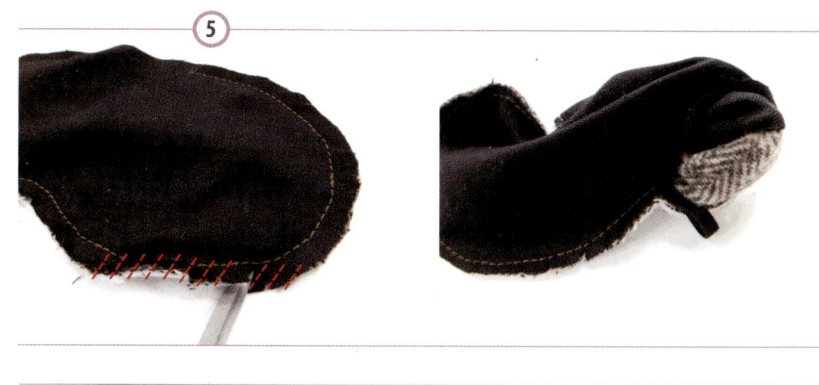

둥근 모양을 살리기 위해 가윗밥을 주고 뒤집은 후, 공그르기로 손바느질해서 마무리한다.

슬리퍼
Ready

재료

발등 겉감 기모헤링본원단, 발등 안감 20수 무지원단, 2온스 접착솜, 발바닥 미끄럼방지 누빔원단, 가죽라벨

재단

❶ 실물도안대로 발등 겉감, 발등 접착솜, 발바닥 안감을 2장씩 재단한다.
❷ 실물도안대로 발등 안감, 발바닥 접착솜, 미끄럼방지 발바닥 부분도 2장씩 재단한다.

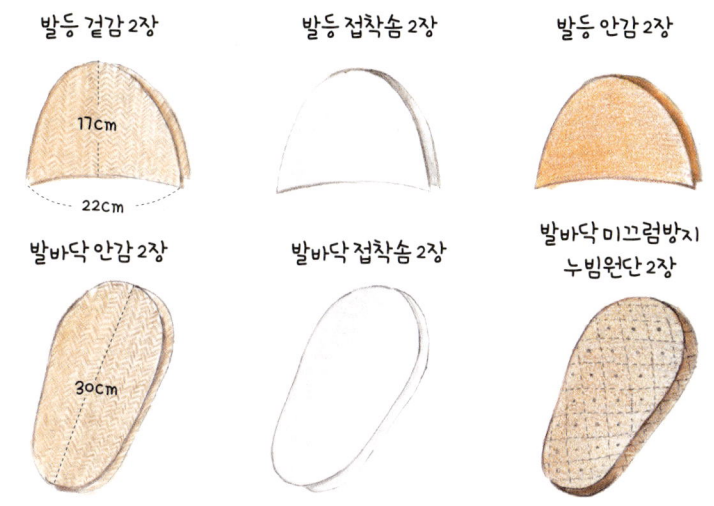

발등 겉감 2장 / 발등 접착솜 2장 / 발등 안감 2장
17cm / 22cm
발바닥 안감 2장 / 발바닥 접착솜 2장 / 발바닥 미끄럼방지 누빔원단 2장
30cm

How to make

발등이 될 겉감 2장에 각각 2온스 접착솜을 대고 다림열로 붙여준다. 발바닥 안감도 같은 방법으로 접착솜을 붙인다.

발등 겉감과 안감을 겉끼리 마주하여 박음질한다.

가윗밥을 내어 겉이 보이게 뒤집는다.

발바닥 미끄럼방지 누빔원단과 발등 원단을 중심에 맞춰 박음질한다.

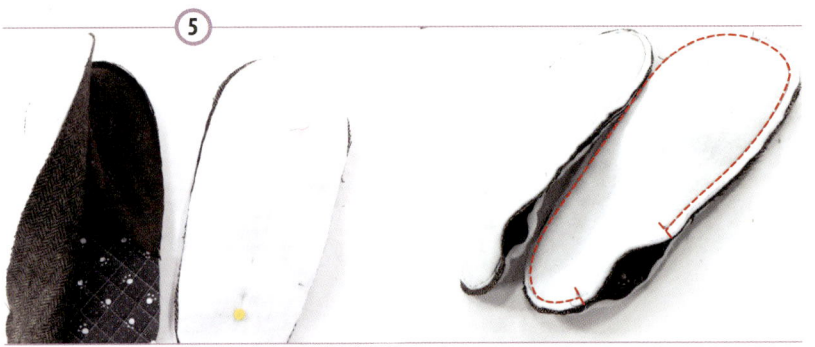

발바닥 겉감에 발바닥 안감을 잘 맞춰 올려둔 후, 전체를 박음질한다. 단, 옆선 하단에 창구멍 7~8cm를 남겨둔다.

시접을 정리한 후, 창구멍으로 뒤집어 겉감을 빼낸다.

창구멍을 공그르기로 손바느질한다. 가죽라벨도 손바느질로 달아 완성한다.

생활 / 소품 / DIY

나만 입고 싶은 데일리룩
뷔스티에 레이어드 원피스

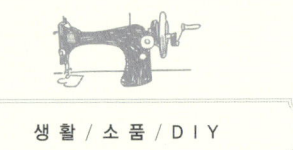

여유롭게 떨어져 데일리룩으로 입기 간편한 뷔스티에 원피스입니다.
앞치마 대용으로도 자유롭게 사용할 수 있어요.
어렵지 않은 디자인으로 나를 위한 옷 만들기에 도전해보세요.

Ready

재료

겉감 린넨체크원단 2마, 주머니 배색 무지 린넨원단 1/2마, 포인트 가죽라벨 1개, 단추 20mm(2개), 어깨 가죽끈 2개

재단

❶ 실물도안대로 앞판과 뒤판 1장씩 재단한다.

❷ 실물도안대로 앞판과 뒤판의 안단도 1장씩 재단한다.

❸ 18cm×23cm의 크기로 주머니 부분을 2장 재단한다.

앞판 1장
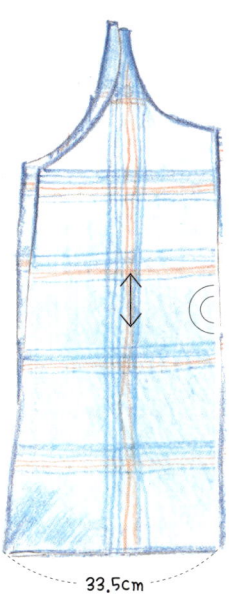
33.5cm

뒤판 1장
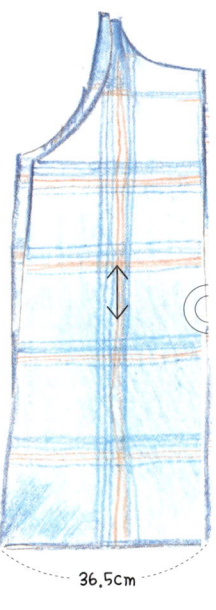
36.5cm

앞판 안단 1장
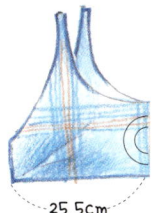
25.5cm

뒤판 안단 1장
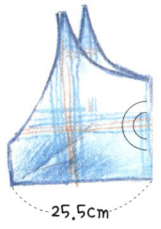
25.5cm

주머니 2장
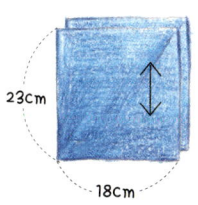
23cm / 18cm

How to make

주머니로 사용할 무지린넨원단의 사방을 오버로크한 후, 접착테이프를 붙이고 30mm로 접는다.

시접 상단은 30mm, 나머지 부분은 6mm 접어 다림질한다. 상단을 박음질하여 준비해둔다.

겉감 앞판과 안단 사이에 가죽끈을 끼워 넣고, 라인을 따라 박음질한다.

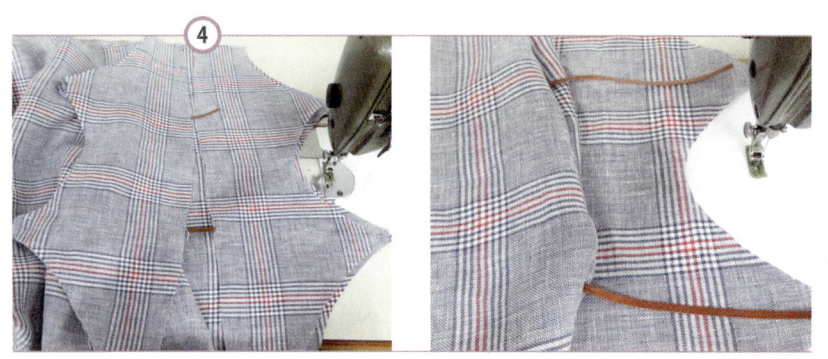

겉감 뒤판과 안단을 맞댄 후, 그 사이에 가죽끈을 끼워넣고 라인대로 박음질한다.

둥근 부분은 가윗밥을 주고 뒤집는다.

안단 옆선을 맞춰 박음질한다.

옆트임 부분을 15mm 시접으로 가름솔로 다림질하고, 밑단은 25mm로 다림질한다.

옆선과 밑단을 이어 박음질한다.

안단 옆선이 덜렁거리지 않게, 이음선 위를 5cm 박음질하여 고정한다.

가슴 부분 중심 적당한 위치에 포인트 가죽라벨을 손바느질하여 붙여둔다.

앞판에 만들어놓은 주머니를 시침판으로 고정한 후, 손이 들어가는 상단을 제외하고 2mm 상침으로 눌러박기해서 마무리한다.

CLASS 2 | 생활이 즐거워지는 소소한 **일상 소품**

CLASS

3

평범한
일상을 특별하게

데일리 가방

How to make
p.118

우리 여행가자!
휴대폰 미니 크로스백

How to make
p.124

오늘, 이 가방 어때?
스쿨 크로스 빅백

How to make
p.130

활용도 높은 기본 가방
믹스매치 에코백

CLASS 3 평범한 일상을 특별하게 **데일리 가방**

How to make
p.136

나의 원픽 아이템
호피 스트링 에코백

How to make
p.140

사계절 내내 심플 감성
베이직 토트 쇼퍼백

How to make
p.146

많은 짐도 가뿐하게
백팩

생활 / 소품 / DIY

우리 여행가자!
휴대폰 미니 크로스백

휴대폰, 카드, 여권 등을 간편하게 넣어 다닐 수 있는
콤팩트한 사이즈의 미니 크로스백을 만들어보세요.
꼭 만들어서 소장하기를 추천하는 아이템입니다.
끈 길이는 매듭으로 묶어 조절할 수 있어 편리합니다.

Ready

재료
겉감 누빔가죽, 안감 순면무지원단, 포인트 라벨, 웨이빙끈(140cm), 베루여밈장식

재단
❶ 겉감을 16cm×20cm로 2장 재단한다.
❷ 겉감과 어울리는 컬러의 안감도 16cm×20cm로 2장 재단한다.
❸ 크로스용 웨이빙끈 140cm를 준비한다.

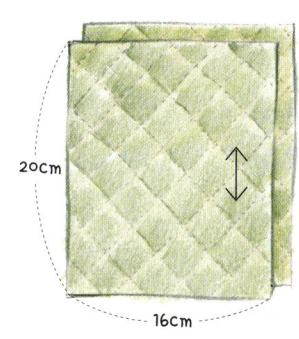

겉감 가죽 2장

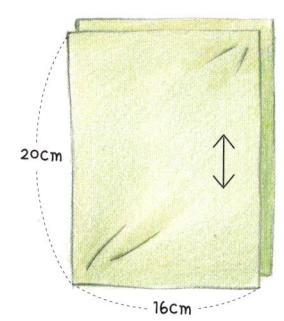

안감 2장

크로스용 웨이빙끈 140cm

How to make

1. 준비한 겉감 가죽에 어울리는 포인트라벨을 박음질한다.

2. 겉감끼리 맞대고 박아준다.

3. 바닥 너비를 1cm씩 세워 박음질한다.

4. 겉감 양옆에 크로스용 웨이빙끈을 박음질하여 일시 고정한다.

5. 안감끼리 맞댄 후, 창구멍 6cm 남기고 박음질한다.

6. 겉감을 뒤집고 그 위에 안감을 끼운 후, 상단 입구를 박음질한다.

CLASS 3 평범한 일상을 특별하게 데일리 가방

안감의 창구멍으로 겉감을 빼내어 정리하고, 창구멍을 2mm 상침으로 박음질한다.

겉감 상단 입구를 5mm 상침으로 눌러박는다.

겉감 중심에 베루여밈장식을 박음질로 고정하여 마무리한다.

CLASS 3 | 평범한 일상을 특별하게 **데일리 가방**

생활 / 소품 / DIY

오늘, 이 가방 어때?
스쿨 크로스 빅백

전체적으로 깔끔하고 미니멀한 느낌에 어디에나 들어도 멋스러운 가방입니다.
책, 파일 등이 들어가는 넉넉한 공간과 포켓들이 많아 수납력이 좋은 디자인으로,
특히 학생들이 편하게 들기 좋아요.
에코백 만들기가 조금 지겨워졌다면, 생각보다 쉬운 크로스 가방 만들기에 도전해보세요.

Ready

재료

겉감 20수 면원단, 안감 20수 무지원단, 웨이빙끈, 2온스 접착솜, 가죽라벨, D링, 스웨이드끈(폭 2cm, 길이 6cm) 2개

재단

❶ 겉감 순면원단과 2온스 접착솜을 32cm×37cm로 2장씩 재단한다.
❷ 겉주머니 원단을 36cm×17cm로 겉감과 안감 1장씩 재단한다.
❸ 지퍼 안감 원단을 32cm×7cm(상단) 2장, 32cm×32cm(하단) 2장 재단한다.
❹ 안감 속주머니 원단을 18cm×23cm로 1장 재단한다.

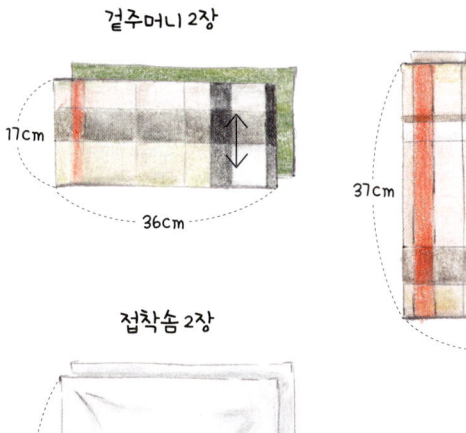

겉주머니 2장 — 17cm × 36cm

겉감 2장 — 37cm × 32cm

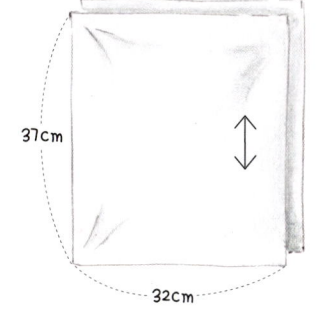

접착솜 2장 — 37cm × 32cm

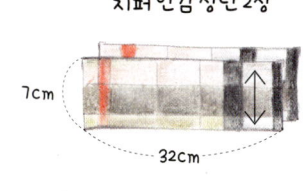

지퍼 안감 상단 2장 — 7cm × 32cm

안감 속주머니 1장 — 23cm × 18cm

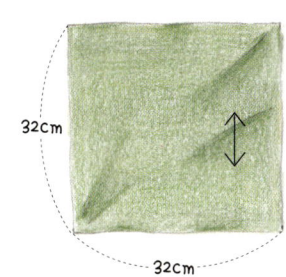

지퍼 안감 하단 2장 — 32cm × 32cm

How to make

1. 겉감 2장에 각각 2온스 접착솜을 다림열로 붙여둔다.

2. 겉주머니 체크원단과 무지원단을 맞댄 후, 가로 부분(36cm)을 박음질한다. 겉감보다 안감이 튀어나오지 않게 1cm 여유를 두고 다림열로 눌러준다.

3. 겉감으로 뒤집어 다림열로 정리하고, 앞판 중심을 세로로 박음질한다. 양옆 여분이 있는 부분도 박음질하여 일시적으로 고정한다.

겉감을 겉끼리 마주하여 박아준 후, 바닥을 3cm 너비로 박음질하여 세운다.

가죽라벨을 손바느질로 달아준다.

양옆 상단에 폭 20mm의 스웨이드끈을 반으로 접어 D링을 고정하여 박음질한다.

외노루발로 교체 후, 안감 상단에 지퍼 (32×7cm)를 박음질한다.

안감 2장을 맞댄 후, 하단에 창구멍 10cm 남기고 박아준다.

안감 중심에 맞춰 속주머니를 상침으로 박음질하여 붙여둔다.

만들어놓은 겉감과 안감을 겉끼리 맞댄 후, 상단 입구를 둘러 박기한다.

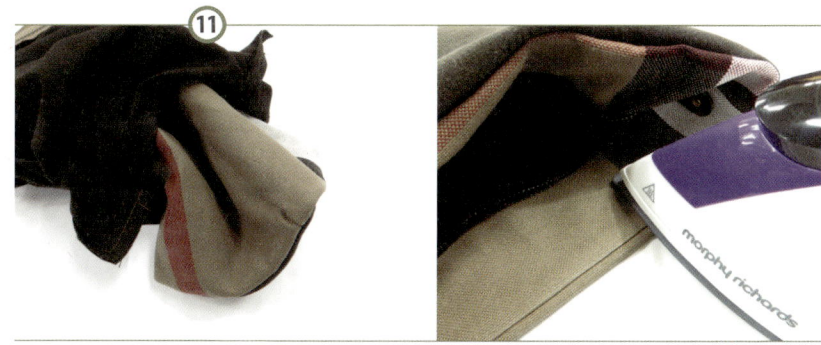

창구멍으로 겉감을 빼내고, 입구를 다림질하여 정리한다.

입구를 5mm 상침으로 눌러박고, 안감의 창구멍도 2mm 상침으로 박음질한다.

크로스용 웨이빙끈을 D링에 걸어 완성한다.

생활 / 소품 / DIY

활용도 높은 기본 가방
믹스매치 에코백

빈티지 원단과 레터링 커트지가 함께 어울려 포인트가 되어줄 데일리 에코백이에요.
넉넉한 공간과 안주머니가 실용적이고, 여기저기 걸쳐도 멋스러워
자꾸 손이 가는 머스트 해브 아이템입니다.

Ready

재료

겉감 커트지원단, 겉감 20수 무지원단, 안감 20수 무지원단, 접착솜, 웨이빙끈(50cm)

재단

① 겉감 커트지를 21cm×30cm로 2장 재단한다.
② 겉감 커트지 중심에 매치할 무지원단을 4장 재단한다.
　(A 38cm×9cm / B 10cm×29cm / C 30cm×10cm / D 10cm×37cm)
③ 앞판 완성 사이즈에 맞춰 뒤판을 재단한다.
④ 겉감 무지원단을 사용해 안감 상단은 38cm×10cm로, 하단은 38cm×32cm로 2장씩 재단한다.
⑤ 안감 속주머니를 18cm×23cm로 2장 재단한다.

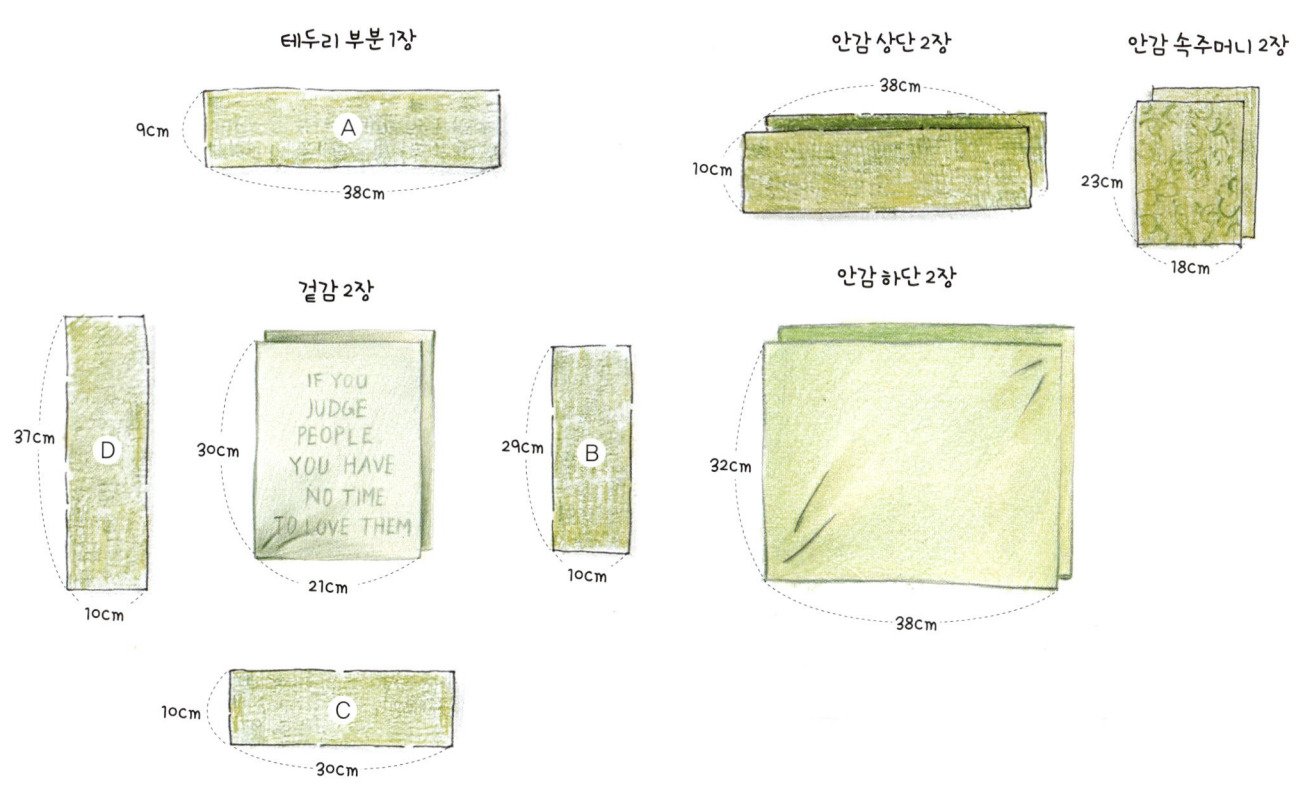

How to make

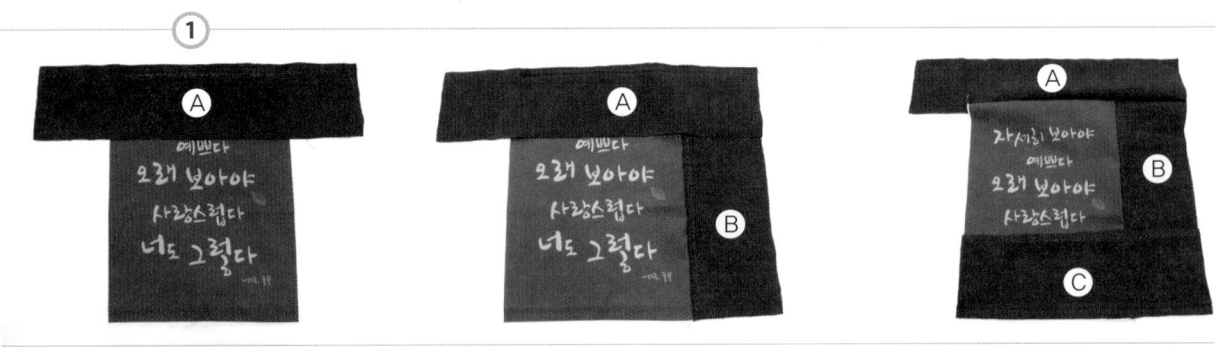

겉감 커트지원단에 무지원단 A면 상단을 합봉하고 가름솔로 다려준다. 시계 방향으로 박음질을 이어간다. B면 합봉 후 다림질 → C면 합봉 후 다림질 → D면 합봉 후 다림질 순으로 작업한다.

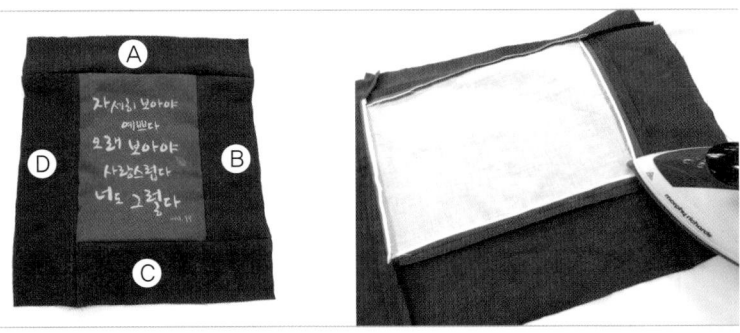

앞판 사이즈(38×44cm)가 결정되면 뒤판 무지원단을 재단한 후, 2온스 접착솜을 다림열로 붙여둔다.

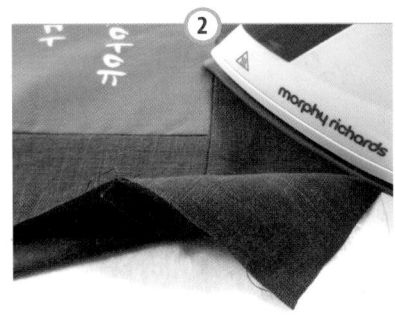

안감의 상단과 하단을 박음질한다.

④

속주머니에 접착 다대테이프를 부착하고 3면을 접어 다림질한다. 안감 중심에서 6~7cm 내려온 지점에 2mm 상침으로 박음질한다.

⑤

손잡이가 될 웨이빙끈(50cm)을 두 개 준비한다. 커트지를 20×5cm로 자르고 사방 1cm 시접으로 다림질한 후, 웨이빙끈 중심에 2mm 상침하여 탄탄한 느낌을 살린다.

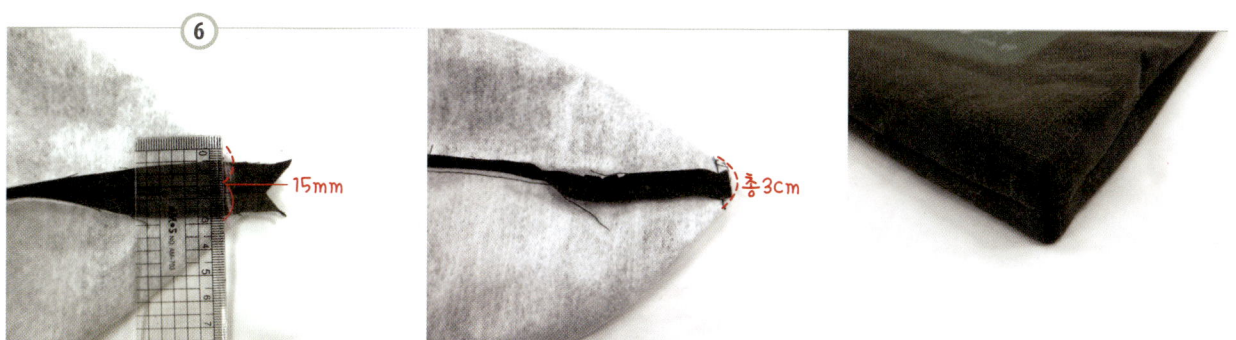

⑥

바닥 너비를 15mm씩, 즉 3cm로 세워 박음질한다.

안감 2장을 겉끼리 맞대고, 상단 입구를 제외한 3면을 합봉한다.

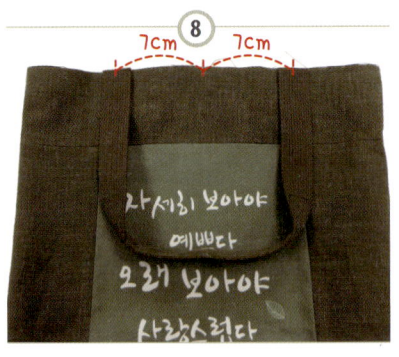

겉감이 보이도록 뒤집은 후, 웨이빙끈을 상단 중심에서 양옆 7cm 지점에 일시 고정해둔다.

겉감 위에 안감 입구를 씌워 입구를 한 바퀴 둘러서 박음질한다.

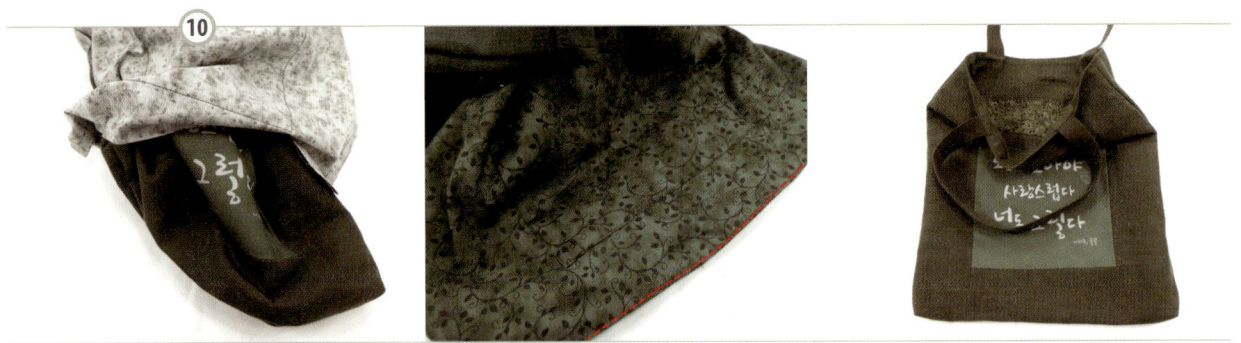

창구멍으로 겉감을 빼낸 후, 입구를 다림질하고 5mm 상침으로 눌러박아 완성한다.

CLASS 3 　평범한 일상을 특별하게 **데일리 가방**

생활 / 소품 / DIY

나의 원픽 아이템
호피 스트링 에코백

복조리 스타일과 은은한 호피 무늬 때문에 자꾸 손이 가는 에코백이에요.
스트링 끈으로 조절할 수 있어, 복조리 모양으로 했을 때와 펼쳤을 때
다른 느낌을 연출할 수 있습니다.
어깨끈도 길고 가벼운 무게감으로 편하게 들고 다닐 수 있어요.

Ready

재료
겉감 10수 순면호피원단, 안감 20수 순면무지원단, 가죽라벨, 여밈용 끈(70cm), 스트링끈(120cm)

재단
❶ 겉감 호피원단을 38cm×43cm로 2장 재단한다.
❷ 겉주머니 호피원단을 18cm×24cm로 2장, 가방끈 호피원단을 70cm×13cm로 1장 재단한다.
❸ 안감 무지원단을 38cm×42cm로 2장 재단한다.

겉감 2장
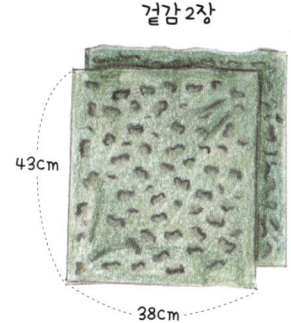
43cm × 38cm

안감 2장
42cm × 38cm

가방끈 1줄(70x13cm)

겉주머니 2장
24cm × 18cm

How to make

① 겉주머니가 될 호피원단 상단에 3cm 다대테이프를 다림열로 붙여둔다. 나머지 3면은 5mm 안으로 접어 다림질한다.

② 겉감 하단 중심에서 4cm 지점에 겉주머니를 대고, 2mm 상침으로 박아준다.

③ 겉주머니 바로 위 중심에 가죽라벨을 손바느질로 고정한다.

④ 가방끈이 될 폭 13cm의 끈 양옆을 안으로 반 접은 후, 다림열로 눌러준다. 2mm 상침으로 박음질하여 준비한다.

⑤ 겉감 2장을 마주하여 박음질한다. 끈이 통과하여 조리개 형태가 될 수 있도록, 양옆은 2cm 띄우고 8cm 길이로 박음질한다.

박음질한 겉감 2장을 겉이 보이도록 뒤집은 후, 겉감 상단 입구에 가방끈 위치를 잡고 박음질한다.

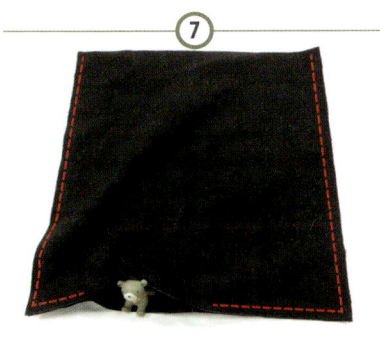

안감 2장을 맞댄 후, 하단에 창구멍 10cm를 남기고 박아준다.

안감에 겉감을 끼워 넣고 입구를 박음질한 후, 창구멍으로 뒤집어 겉감을 빼낸다.

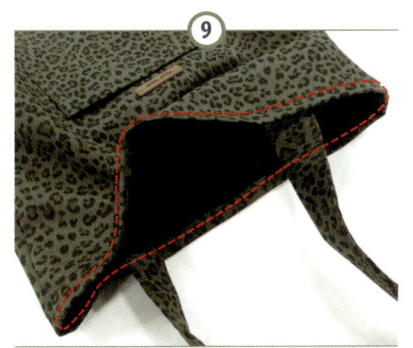

다림질로 가방을 잘 정돈하고, 입구도 눌러박아준다.

양옆 2cm 비워둔 부분에 끈이 통과할 가로선 2줄을 표시하고, 표시한 선을 따라 박음질한다.

한쪽 구멍으로 조리개 끈을 집어넣은 후, 반대편 구멍으로 빼내어 크로스해서 돌리면 양옆 조리개끈이 완성된다.

생활 / 소품 / DIY

사계절 내내 심플 감성
베이직 토트 쇼퍼백

평평한 바닥의 심플한 형태와 탄탄한 소재의,
계절에 구애받지 않고 들 수 있는 활용도 높은 토트백입니다.
오피스나 정리된 옷차림에도 무난하게 어울려
꾸준히 가지고 다닐 수 있는 기본 가방이에요.

Ready

재료
고급스러운 9수 캠퍼스체크원단, 안감 무지원단, 포인트가죽, 가죽손잡이, 베루여밈가죽, 가죽라벨

재단
❶ 겉감 원단을 40cm×33cm로 2장 재단한다.

❷ 안감 상단 체크원단을 40cm×6cm로 2장 재단한다.

❸ 안감 하단 무지원단을 40cm×29cm로 2장 재단한다.

❹ 안감 속주머니 원단을 30cm×23cm로 1장 재단한다.

❺ 바닥 무지원단과 가죽원단을 타원형으로 1장씩 재단한다.

❻ 포인트가 되는 반달 모양 가죽원단을 실물도안대로 2장 재단한다.

겉감 2장

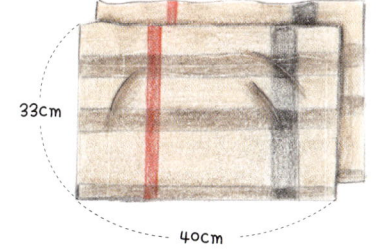

양옆 포인트 가죽 2장

겉감 가죽 바닥 1장

안감 상단 2장

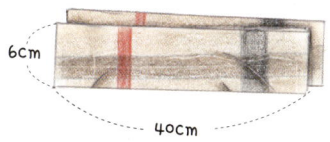

속주머니 1장

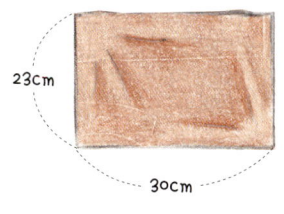

안감 무지 바닥 1장

안감 하단 2장

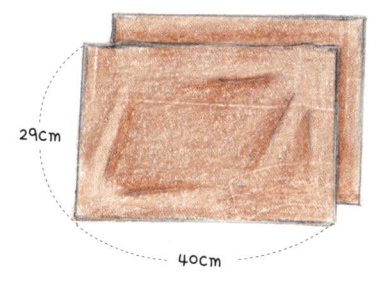

How to make

① 겉감을 겉끼리 맞대고 한쪽 선을 합봉한다.

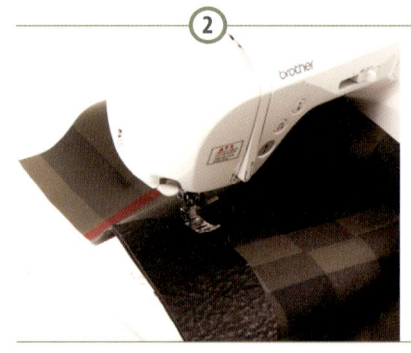

② 겉감 하단 중심에 반달 모양 가죽을 올려두고, 2mm 상침으로 박음질한다.

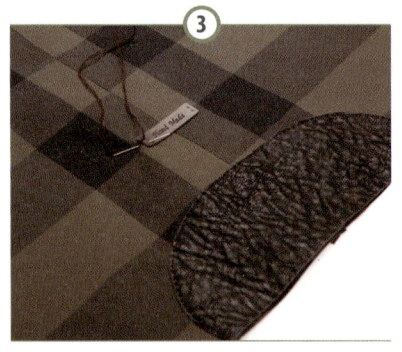

③ 반달 모양 가죽에서 5cm 정도 위에 가죽 라벨을 손바느질로 고정한다.

④ 같은 방법으로 나머지 한쪽도 합봉하고, 반달 모양 가죽도 박음질한다.

⑤ 양옆 선을 박음질한 후, 바닥이 될 타원형 가죽의 양옆 중심을 4등분하여 초크로 표기하고 둘러서 박음질한다. 사방에 가윗밥을 주고 뒤집어준다.

⑥ 안감 속주머니 상단을 3cm 시접으로 다림질한 후 박음질한다. 나머지 3면도 5mm 접어준다.

⑦ 안감 상단에서 6cm 정도 내려온 중심 부분에 속주머니를 2mm 상침으로 박음질한다. 중심선도 눌러박아 2개의 공간으로 나눈다.

⑧ 안감 상단 체크원단과 하단 무지원단을 연결해 박음질하고, 안감 쪽 바느질선도 상침으로 눌러박는다. 같은 방법으로 1장 더 만든다.

⑨ 안감 2장을 맞대고 양옆을 박아준다. 안감 바닥감은 겉감 바닥감과 마찬가지로, 한쪽에 창구멍 15cm 정도 남겨두고 박음질한다.

How to make

만들어놓은 겉감과 안감을 겉끼리 맞대어 씌운 후, 입구 부분을 둘러서 박음질한다.

창구멍으로 겉감을 빼낸 후, 입구를 다림열로 눌러 정돈한다.

겉감을 3mm 상침으로 눌러박아 안정감을 더한 다음, 창구멍을 막아준다.

가죽 손잡이를 고정할 부분에 송곳으로 구멍을 더 크게 만든 후, 손바느질로 고정한다. 베루여밈가죽도 중심에 맞춰 손바느질로 고정하여 마무리한다.

CLASS 3 평범한 일상을 특별하게 **데일리 가방**

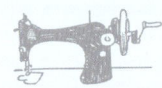

| 생활 / 소품 / DIY |

많은 짐도 가뿐하게
백팩

데일리 백으로도, 간단한 여행 가방으로도 활용할 수 있는 백팩입니다.
많은 짐을 넣어도 수납 공간이 여유 있는 백팩을 직접 만들어보세요.
백팩을 완성하면 재봉틀로 소품 만들기에 자신감도 생기면서,
일상이 넉넉하게 채워지는 행복한 경험을 하게 될 거예요.

Ready

재료

겉감 8수 린넨원단, 안감 40수 면원단, 2온스 접착솜, 포인트가죽, 지퍼 2개 (35cm, 60cm), 웨이빙끈(100cm), 구름솜 조금

재단

실물도안대로 재단한다.

앞 부분
겉감 · 안감 · 접착솜 1장씩

45cm
36cm
앞주머니 위치

뒷 부분
겉감 · 안감 · 접착솜 1장씩

45cm
36cm

앞주머니 아랫 부분
겉감 · 안감 1장씩
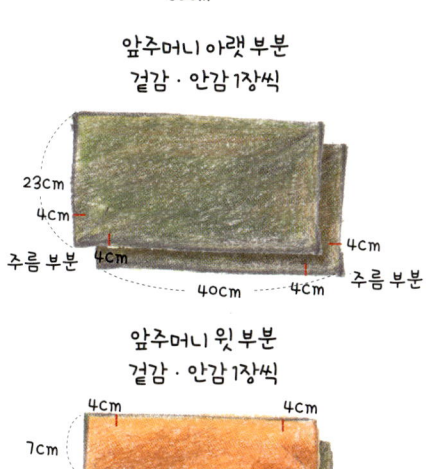
23cm, 4cm, 40cm, 4cm, 주름 부분

겉감 손잡이 1장
20cm
9cm

안감 속주머니 1장
23cm
27cm

앞주머니 윗 부분
겉감 · 안감 1장씩
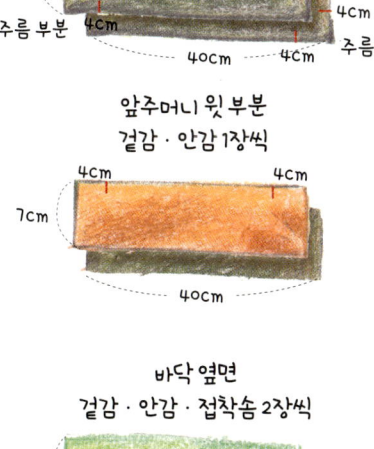
7cm, 4cm, 40cm, 4cm

어깨끈 겉감 · 접착솜 2장씩
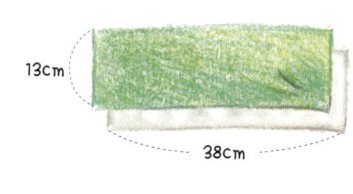
13cm
38cm

끈 연결
겉감 4장, 접착솜 2장
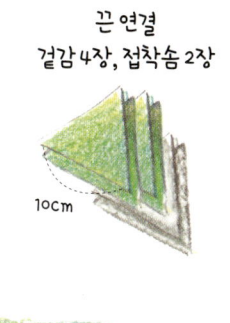
10cm

바닥 옆면
겉감 · 안감 · 접착솜 2장씩
12cm
40cm

지퍼 부분
겉감 · 안감 · 접착솜 2장씩
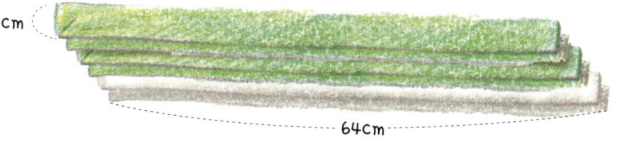
7cm
64cm

How to make

① 앞판에 덧댈 큰 주머니 겉 상단에 지퍼를 상침으로 눌러박는다. 안감도 지퍼와 마주하여 박음질한다.

② 앞판 주머니 상단에 해당하는 가죽 부분도 지퍼와 박아주고, 안감도 박음질한다.

③ 지퍼선 위로 2mm 상침한다.

④ 주머니 공간을 만들기 위해 볼륨을 주어 양옆 4cm 정도 들어오는 부분을 잡는다. 1cm 바깥쪽으로 꺾어 4곳에 주름분을 하나씩 만든다.

⑤ 표시한 자리에 만들어놓은 앞주머니 부분을 박아준다.

주머니 겉이 보이도록 앞으로 넘기고 시침 핀으로 고정한 후, 3면을 박음질로 고정한다.

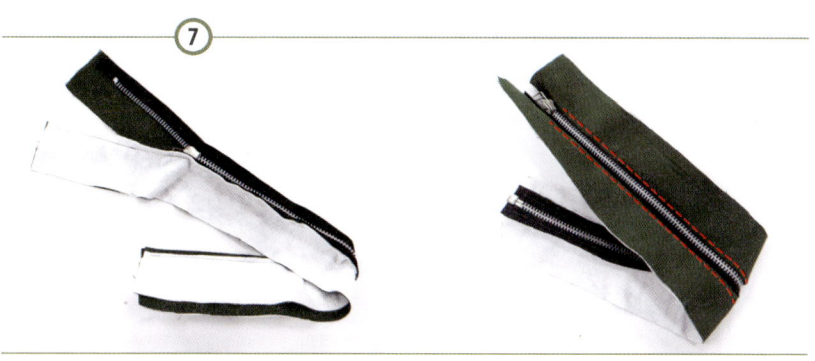

앞판과 뒤판(등판)을 연결할 60cm 지퍼 원단을 박음질한다.

하단 테두리 부분과 지퍼 작업한 원단을 박음질하여 연결한다. 앞판과 테두리 부분도 박음질하여 연결한다.

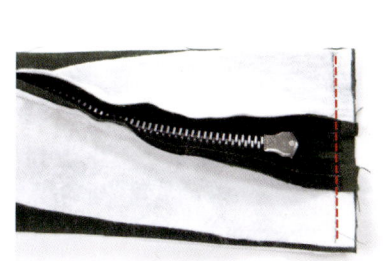
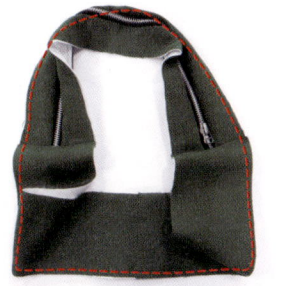

⑨

손잡이 원단의 가로선을 박음질하고, 뒤집개를 이용하여 뒤집어준다.

⑩

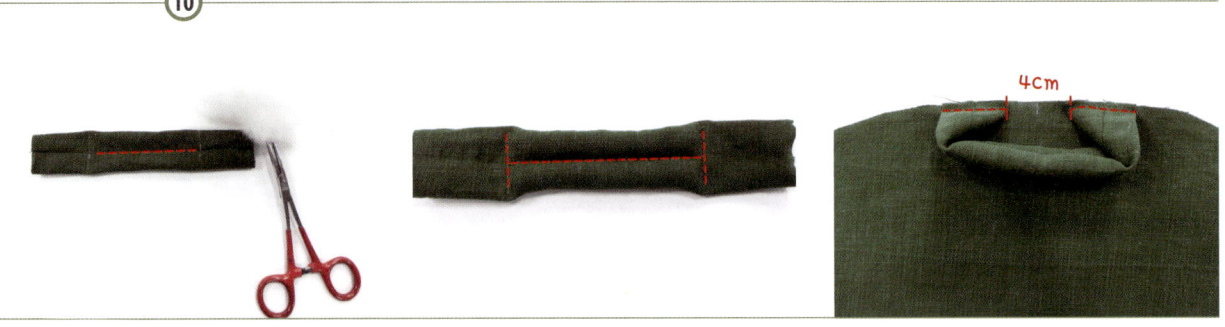

중심 부분에 가로로 한 줄 박음질하고, 구름솜을 넣어 통통하게 만든다. 만든 손잡이를 뒤판 상단 중심을 기준으로 4cm 간격으로 박음질한다.

⑪

어깨끈 원단을 반으로 접어 박음질하고, 50cm 웨이빙끈을 끼운다. 박음질하여 고정한 후, 뒤집어준다.

가방 하단에 연결될 웨이빙끈 부분에 삼각형 모양 원단 1장에 접착솜을 붙인다. 다른 삼각형 원단의 겉과 겉을 마주하고 그 사이에 어깨끈을 끼워 박음질한 후 뒤집는다.

등판에 어깨끈 겉과 마주하게 두고 박음질하여 고정한다.

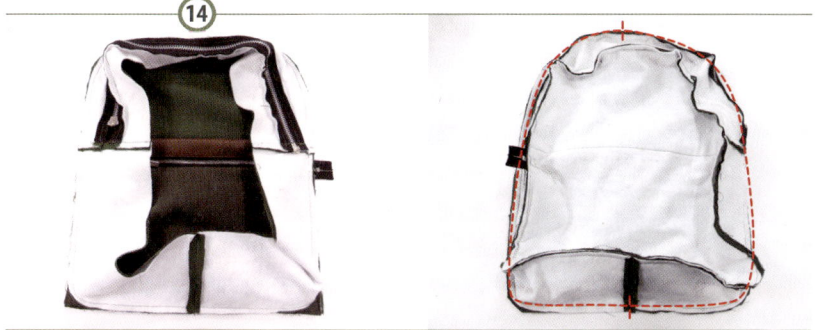

만들어놓은 앞판과 뒤판을 준비하고, 앞판 상단과 하단에 초크로 중심을 표시한다.
지퍼 테두리 부분을 잘 맞춰 옆 테두리 부분과 합봉한다.

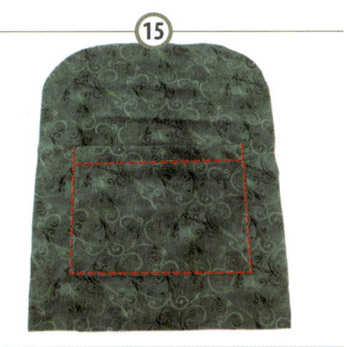

등판 안감 중심에 속주머니 1개를 덧대고 박음질한다.

안감도 겉감과 마찬가지로 몸판과 하단, 테두리를 연결한다. 지퍼 부분은 1cm 시접으로 다림질한 후, 테두리 부분과 연결하여 박음질한다.

등판 한쪽에 창구멍을 20cm 정도 크게 남기고 합봉한다.

만들어놓은 겉감 겉에 안감 겉을 잘 맞춰 씌운 후, 지퍼 부분도 마주 보게 고정하여 박음질한다.

창구멍으로 뒤집어 겉감을 빼낸 후, 지퍼 겉을 상침으로 눌러박는다. 이때 창구멍도 같이 막아주며 마무리한다.

CLASS 3 | 평범한 일상을 특별하게 **데일리 가방**

CLASS

4

청바지의 재발견

청업사이클링 소품

인테리어 꿀템
데님 벽걸이 포켓

How to make
p.160

은근한 멋스러움
데님 클로슈 버킷햇

스타일과 실용성 모두 챙기는
데님 앞치마

How to make
p.168

How to make
p.172

빈티지와 유니크의 조화
데님 크로스백

How to make
p.178

믹스앤매치 스타일링
데님 숄더백

생활 / 소품 / DIY

인테리어 꿀템
데님 벽걸이 포켓

자동차키, 영수증, 필기구 등은 어디에 두었는지 잊어버릴 때가 많아요.
그럴 때 집안 곳곳 어질러진 물건을 정리할 수 있는 포켓 수납 벽걸이에요.
원하는 디자인과 사이즈로 만들면 다양한 용도로 사용할 수 있고,
공간의 포인트 소품도 되어줍니다.
물건을 넣었을 때 크게 처지지 않도록 도톰한 원단을 선택하는 것이 좋아요.

Ready

재료

안 입는 청바지 주머니 2장, 8수 린넨원단, 2온스 접착솜, 나뭇가지, 지끈, 가죽끈, 포인트라벨

재단

❶ 8수 린넨원단을 30cm×23cm로 2장 재단한다.
❷ 2온스 접착솜도 30cm×23cm로 1장 준비한다.

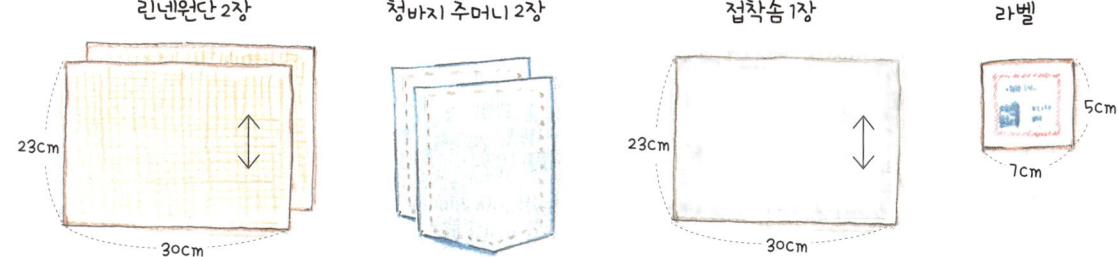

린넨원단 2장 — 23cm × 30cm
청바지 주머니 2장
접착솜 1장 — 23cm × 30cm
라벨 — 5cm × 7cm

How to make

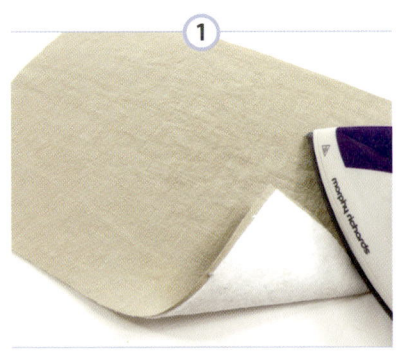

1. 바닥면이 될 린넨원단 뒷면에 다림열로 접착솜을 붙인다.

2. 린넨원단을 겉끼리 맞댄 후, 한 면에 창구멍 8cm 남기고 전체 둘러 박는다. 사방 모서리를 사선으로 자른다.

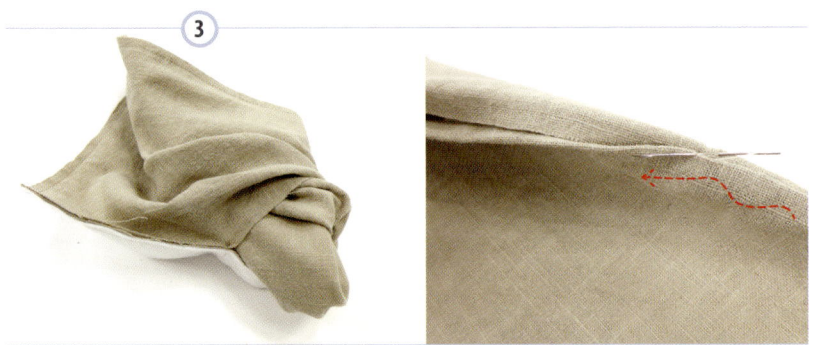

3. 창구멍으로 뒤집은 후, 창구멍을 공그르기하여 막는다.

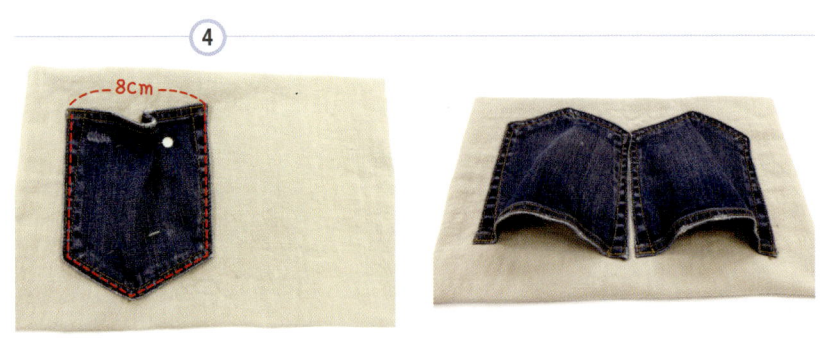

4. 수납 부분이 될 청바지 주머니를 볼륨감 있게 2장 배치하여 3mm로 상침한다.

한쪽에 핸드메이드 느낌이 나는 포인트 라벨을 손바느질로 달아준다.

린넨원단과 나뭇가지를 연결하는 가죽끈을 손바느질한다.

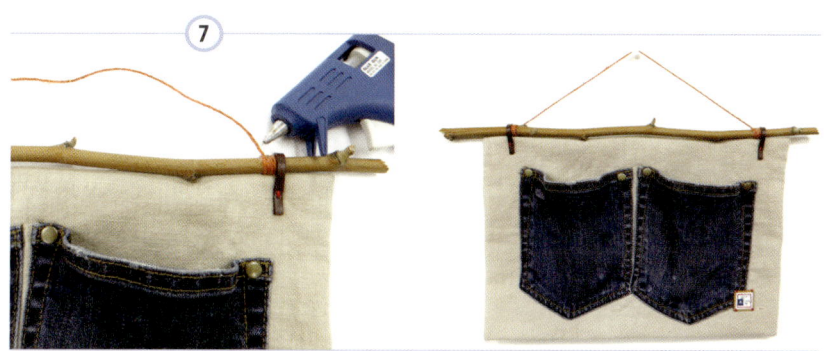

나뭇가지에 지끈을 묶어 마무리한다.

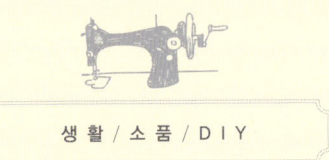

생활 / 소품 / DIY

은근한 멋스러움
데님 클로슈 버킷햇

탄탄하고 도톰한 소재로 만들어 핏이 예쁘게 잘 잡히는 버킷햇을 만들어보세요.
챙 길이도 적당하게 디자인하면
누구든지 어느 룩에나 잘 어울리게 쓸 수 있어요.

Ready

재료

겉감 청바지원단, 안감 나염원단, 와이어, 가죽끈

재단

1. 실물도안을 이용하여 헤드 부분 청바지원단의 육각 중앙에 송곳으로 구멍을 뚫은 후, 각을 맞춰 컴퍼스 원형 모양처럼 재단한다. 같은 방법으로 안감 나염원단도 1장도 재단한다.
2. 실물도안대로 테두리 챙 부분이 될 겉감과 안감 청바지원단을 1장씩 재단한다.

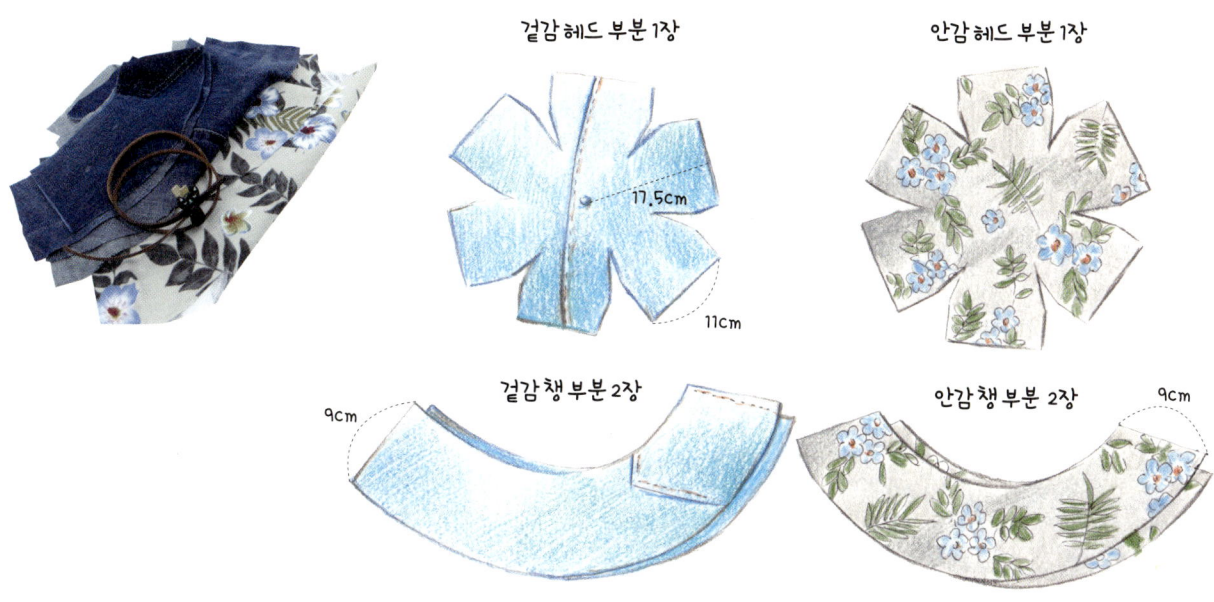

겉감 헤드 부분 1장 — 17.5cm, 11cm
안감 헤드 부분 1장
겉감 챙 부분 2장 — 9cm
안감 챙 부분 2장 — 9cm

CLASS 4 청바지의 재발견 청연사이클링 소품

How to make

1. 헤드 부분 청바지원단을 약 7mm 시접으로 이어 붙여 박음질한다.

2. 챙 부분 양옆을 이어 박고, 가름솔로 정리한다.

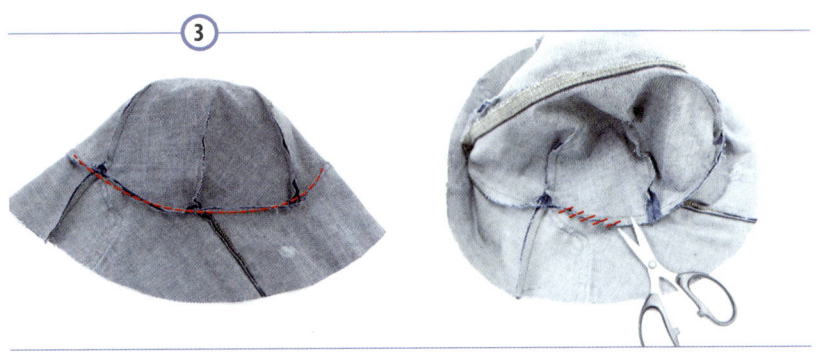

3. 챙 부분과 헤드 부분을 맞대고 박은 후, 둥근 라인이 살도록 가윗밥을 준다.

4. 안감 나염원단도 겉감 청바지원단과 같은 방식으로 만들어둔다. 단, 한 면에는 창구멍 8cm 정도를 남기고 박음질한다.

창구멍

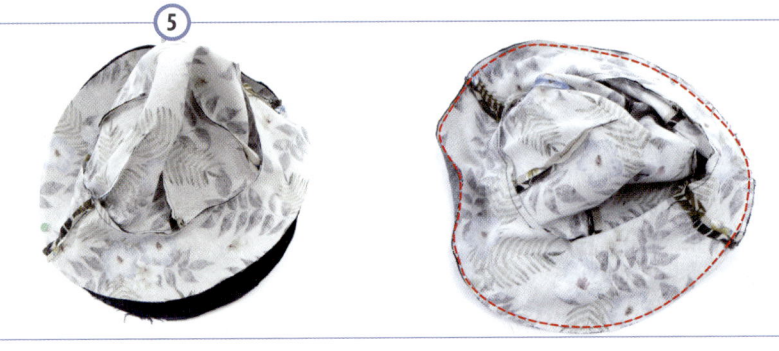

5. 겉감과 안감을 겉끼리 맞대고 둘레 가장자리를 합봉한다.

창구멍으로 뒤집은 후, 다림질로 정리하고 겉감 챙 부분을 상침으로 눌러박는다.

와이어가 관통할 위치에 15mm로 상침하고, 테두리 라인에 스타일이 살도록 창구멍에 와이어를 끼워 넣는다. 이음선 부분에 되박음질하여 마무리한다.

창구멍을 공그르기하여 마무리한다.

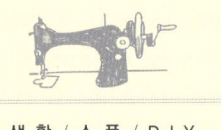

생활 / 소품 / DIY

스타일과 실용성 모두 챙기는
데님 앞치마

가죽과 데님이 만나 빈티지한 멋을 내는 데님 앞치마를 만들어보세요.
주방뿐 아니라 작업실에서도 다양한 느낌으로 개성 있게 연출할 수 있습니다.
청바지 뒷주머니를 이용한 포켓 주머니는
여러 가지 도구를 넣을 수 있어 편리하고 유용해요.

Ready

재료
겉감 청바지 두 벌, 바이어스감 체크면 원단, 포인트라벨, 가죽끈

재단
1. 청바지 평면 부분을 활용해 워싱 느낌이 살도록 앞치마 도안대로 두 조각 혹은 세 조각으로 자른 후, 앞부분과 양옆을 이어 붙인다.
2. 바이어스감을 60cm×4cm로 2장 재단한다.

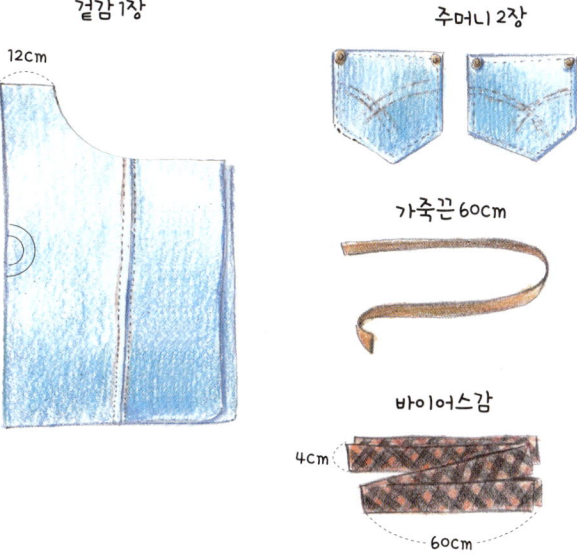

How to make

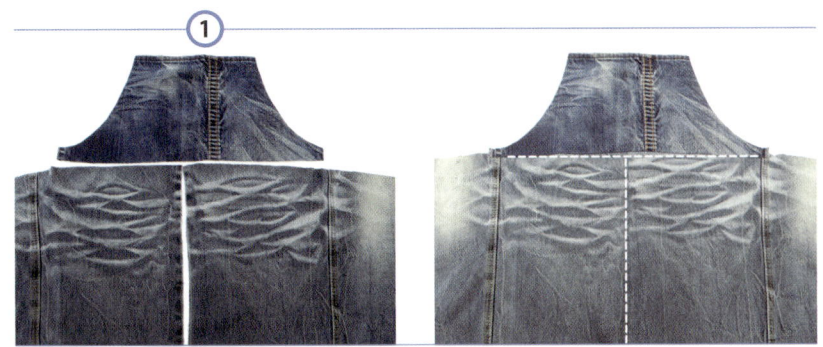

패턴 라인이 잘 살도록 이어 붙여서 앞치마의 평면을 만든다.

양옆 진동 둘레에 바이어스감 체크면원단을 앞치마 청바지원단 겉과 맞댄 후, 바이어스를 살짝 당겨가며 박음질한다.

바이어스를 안으로 2번 접어 깔끔하게 상침한다.

남은 바이어스끈은 폭을 반 접어 박음질하고, 뒤집개로 뒤집어서 뒤에 묶는 끈으로 활용한다.

앞치마 청원단 양옆을 1.5cm 시접으로 박은 후, 밑단을 2cm 시접으로 박음질한다. 이때 다림질로 눌러놓고 박음질하는 것이 좋다.

앞판 가슴 중심에 빈티지한 느낌의 원단이나 라벨을 포인트로 박아준다.

청바지 주머니를 뜯은 후, 앞판 양옆에 주머니로 배치해 덧박아준다.

앞판 상단을 3cm 시접으로 박아주고, 마지막으로 가죽끈도 박음질하여 완성한다.

생활 / 소품 / DIY

빈티지와 유니크의 조화
데님 크로스백

캐주얼한 데님 소재에 가방을 만들어보세요.
평소에는 필수품을 넣어 다니는 패션 아이템이면서,
여행 때는 두 손 자유롭게 만들어주는 크로스 가방입니다.
가죽과 데님, 포인트라벨의 조화가 잘 어울려 빈티지함이 더 돋보이는 가방이에요.

Ready

재료

겉감 청바지원단, 버팔로누빔가죽, 안감 순면무지원단, 웨이빙끈(150cm), 연결고리, 포인트트라벨, 앤틱지퍼(15cm), 스프링도트 혹은 자석단추

재단

① 겉감 청바지원단과 안감 순면무지원단을 각각 19cm×25cm로 2장씩 재단한다.
② 테두리용 버팔로누빔가죽과 안감 1장을 각각 66cm×6cm로 2장 재단한다.
③ 뒤판 겉에 입술지퍼로 사용될 지퍼받이 무지원단을 20cm×6cm로 1장 재단한다.
④ 속주머니를 20cm×15cm로 2장 재단한다.

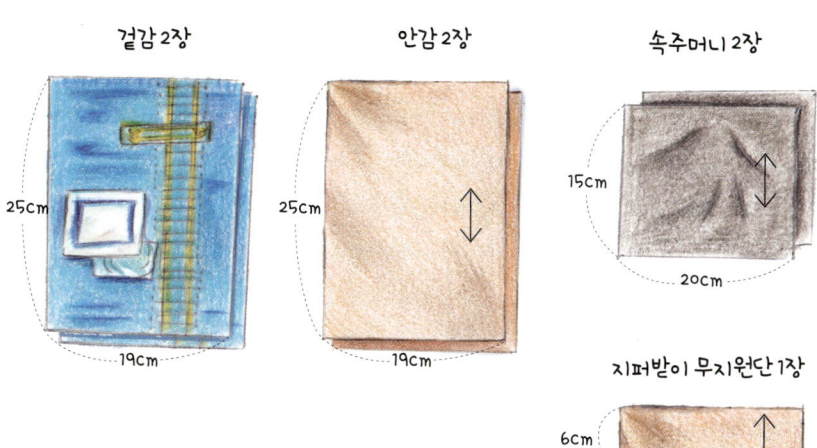

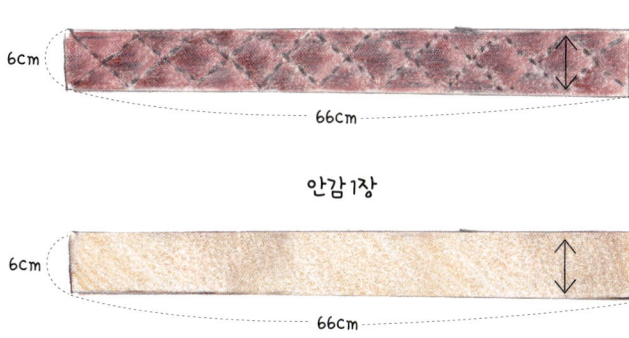

How to make

① 앞판 겉감 청바지원단에 포인트로 빈티지한 라벨을 상침한다. 그 위에 청바지에서 떼어낸 벨트고리도 박음질한다.

② 뒤판 상단 8cm 지점에 지퍼를 달 부분의 위치를 잡고, 초크로 16cm 선을 그어 고정한다. 지퍼 부분을 중심으로 위아래 1mm 간격으로 두 줄 박는다.

③ Y자로 중심을 자르고, 지퍼를 박을 창이 생기도록 안으로 지퍼받이를 넣어 다림질한다.

④ 지퍼를 고정하고 2mm로 상침한다.

지퍼를 단 주머니 겉과 안주머니 겉을 마주하여 ㄷ자 모양으로 박음질한다.

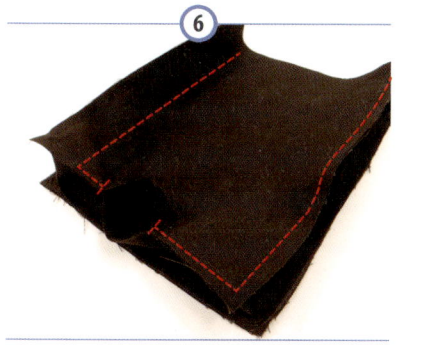

안감 한쪽 면에 15cm 창구멍을 남겨두고 박음질한다.

앞판과 뒤판이 완성되면, 버팔로누빔가죽 중심을 앞판 하단 중심과 잘 맞춰 대고 합봉한다.

조절끈이 될 크로스용 웨이빙끈을 연결고리와 연결하고, 양옆 가죽 부분에 일시 고정한다. 안감을 겉감 위에 끼워 입구를 박음질한다.

입구 여밈 부분에 스프링도트나 자석단추를 덧대어 마무리한다.

CLASS 4 청바지의 재발견 **청담사이클링 소품**

생활 / 소품 / DIY

믹스앤매치 스타일링
데님 숄더백

다크한 진청 소재와 가죽의 조화, 워싱과 스티치 포인트가 있는 숄더백입니다.
노트북이 들어가는 넉넉한 사이즈로 평소 많은 물건을 가지고 다니는 분들은
한번 도전해보세요. 숄더백이지만 어깨끈을 넓고 길게 하여
편하게 가지고 다닐 수 있도록 디자인했어요.

Ready

재료

겉감 청바지원단, 믹스매치용 가죽, 안감 40수 순면무지원단, 포인트 꼬임가죽끈, 지퍼(45cm)

재단

① 겉감용 청바지를 잘라 펼쳐 색감이 좋은 부분을 선택한 후, 실물도안대로 재단한다.

② 겉감 하단에 믹스매치할 가죽을 가로 길이는 데님과 같게 2장 재단한다.

③ 안감 순면무지원단을 겉감 하단에 이어지는 크기로 2장 재단한다.

④ 속주머니용 안감을 16.5cm×19cm로 2장 재단한다.

⑤ 가방끈이 될 청바지원단을 실물도안대로 2장 재단하고, 포인트꼬임가죽끈도 118cm로 1장 준비한다.

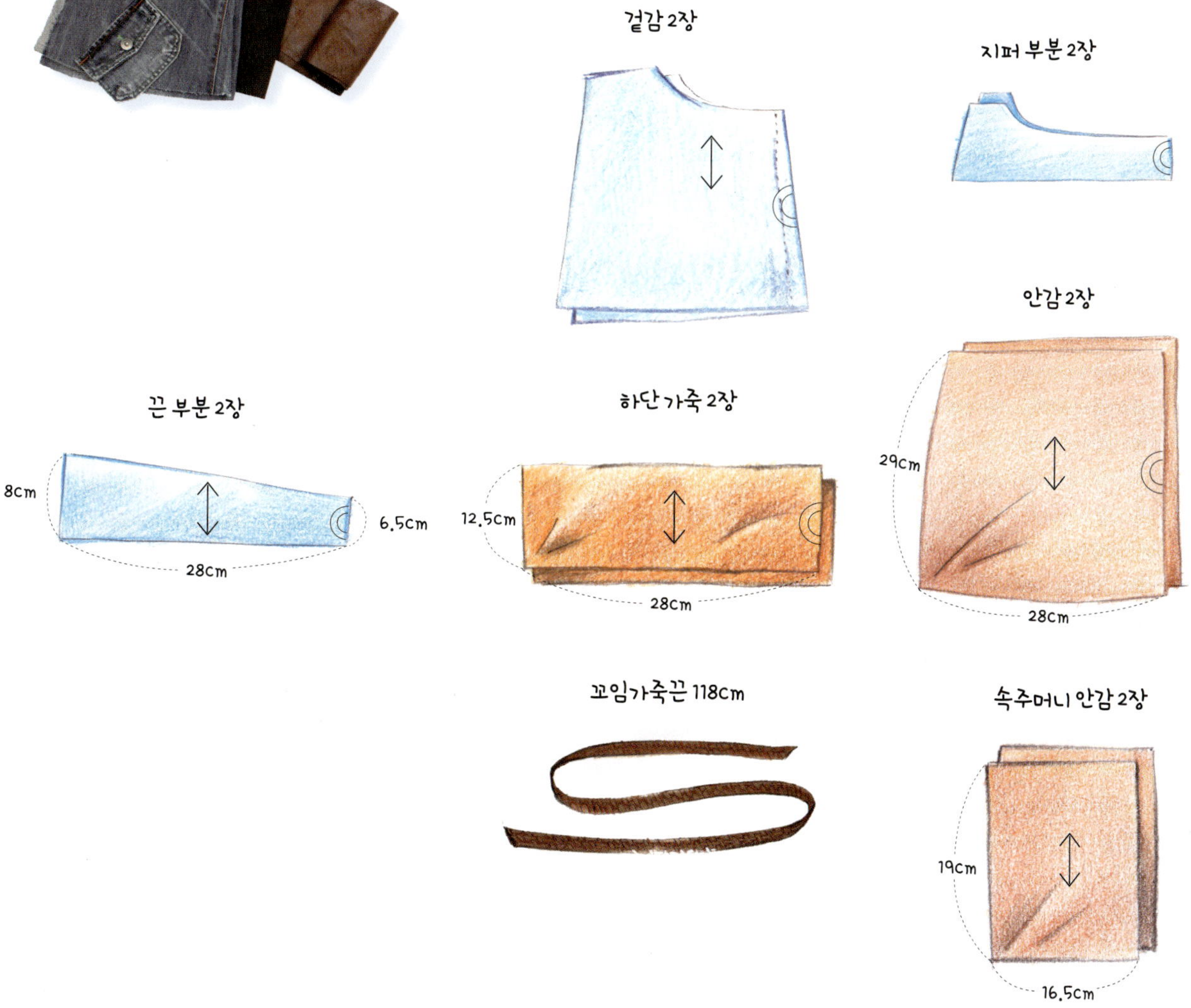

겉감 2장

지퍼 부분 2장

끈 부분 2장 — 8cm / 6.5cm / 28cm

하단 가죽 2장 — 12.5cm / 28cm

안감 2장 — 29cm / 28cm

꼬임가죽끈 118cm

속주머니 안감 2장 — 19cm / 16.5cm

How to make

겉감 앞판에 포인트로 청바지 뒷주머니를 상침한다.

겉감 청바지원단 2장 하단에 각각 믹스매치할 가죽을 2mm 상침한다.

양옆도 바닥을 세우고, 양옆 하단에 가죽끈을 끼워 박음질한다.

겉감 2장을 겉끼리 맞대고, 양옆을 박을 때 가죽 부분 6cm를 안으로 꺾어 박음질한다.

외노루발로 교체 후, 안감 순면무지 원단 상단에 지퍼 겉을 대고 박음질한다.

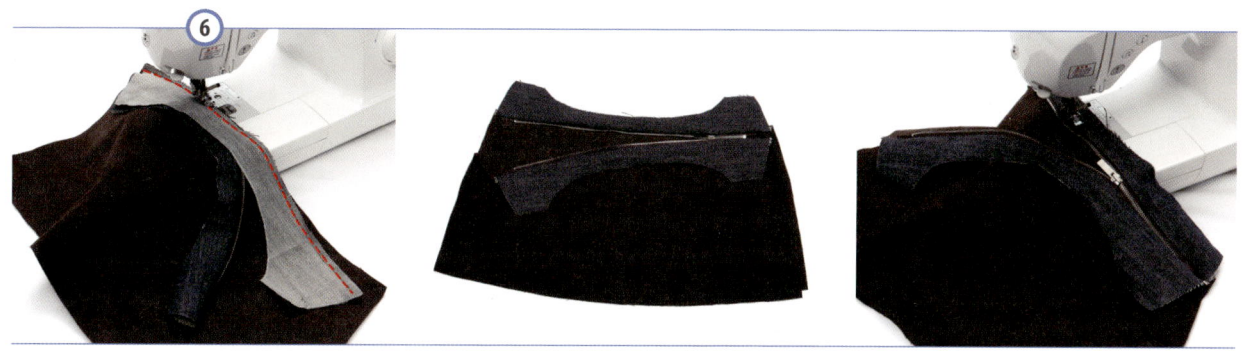

만들어둔 지퍼 부분과 안감 하단을 합봉한다.

속주머니가 될 안감 순면무지원단 2장을 전체 오버로크하고, 상단에 다림열로 3cm 접착테이프를 붙여둔다. 상단은 30mm 시접으로, 나머지 3면은 6mm 시접으로 다림질한다.

만들어둔 속주머니를 안감 중심에서 5cm 내려온 지점에 2mm 상침한다.

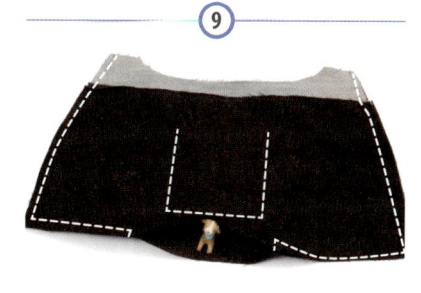

안감 2장을 맞댄 후, 하단에 창구멍 15cm 남기고 전체 박음질한다.

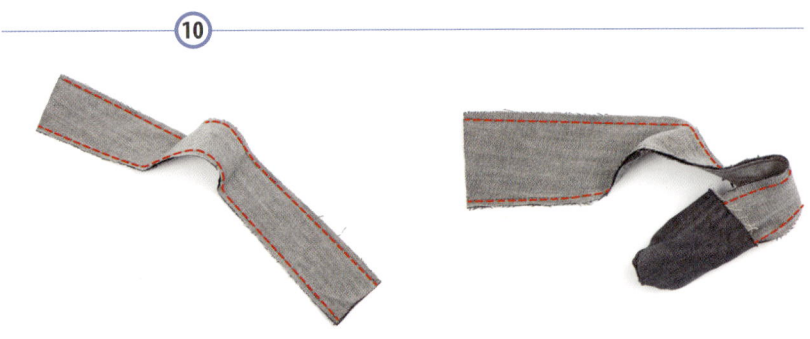

가방끈으로 활용할 청바지원단을 양옆을 박음질하고, 뒤집어서 다림질하여 정돈한다.

가방끈에 꼬임가죽끈을 포인트로 박음질한다.

완성된 겉감 위에 만들어놓은 안감을 겉끼리 맞춰 씌우고, 입구 부분 테두리를 합봉한다.

창구멍으로 뒤집은 후, 양옆 포인트꼬임가죽끈을 매듭으로 묶는다. 연결되는 가방끈 위 중심에 고정하여 테두리를 박아준다.

겉감 상단 입구도 2mm 상침으로 눌러박아 정돈한다.

바느질 세상에서 만든
초크 샤프너를 소개합니다

도안을 원단에 옮겨 재단하다 보면
뭉뚝해지는 초크를 수시로 칼로 깎아야 하는 번거로움과
그때마다 날리는 가루 때문에 힘드시죠.
바느질 작업할 때 누구나 느끼는
초크 관리의 불편함을 해소하고 싶었습니다.

그래서
'초크 샤프너'란 이름으로,
일명 '초크 갈이'를 직접 만들었어요.

뭉뚝해질 때마다 샤프너에 쓰으 쓱~ 편하게 갈고
나무통 틀 안에 가루가 떨어져 쌓이면
흐르는 물에 흔들어 씻고 엎어 말리면 끝!
편리함은 물론, 디자인도 예뻐 인테리어 효과까지 있는 '초코 샤프너'.

오래오래 친구처럼 늘 곁에 두고 함께 할 수 있어 정감 가는
초크 샤프너로 많은 분이 조금 더 편하고 즐겁게
바느질 작업을 했으면 하는 마음을 담았습니다.

수제 핸드메이드 초크샤프너 DM

카페 http://cafe.daum.net/my0402
인스타그램 https://www.instagram.com/panhee_

Foreign Copyright:
Joonwon Lee
Address: 3F, 127, Yanghwa-ro, Mapo-gu, Seoul, Republic of Korea
3rd Floor
Telephone: 82-2-3142-4151
E-mail: jwlee@cyber.co.kr

이토록 행복한 바느질 세상

생활 소품 DIY

2020. 5. 8. 1판 1쇄 인쇄
2020. 5. 18. 1판 1쇄 발행

저자와의 협의하에 검인생략

지은이 | 판명희
펴낸이 | 이종춘
펴낸곳 | BM (주)도서출판 성안당
주소 | 04032 서울시 마포구 양화로 127 첨단빌딩 3층(출판기획 R&D 센터)
     | 10881 경기도 파주시 문발로 112 출판문화정보산업단지(제작 및 물류)
전화 | 02) 3142-0036
     | 031) 950-6300
팩스 | 031) 955-0510
등록 | 1973. 2. 1. 제406-2005-000046호
출판사 홈페이지 | www.cyber.co.kr
ISBN | 978-89-315-8928-3 (13630)
정가 | 19,800원

이 책을 만든 사람들
책임 | 최옥현
기획·진행 | 정지현
교정·교열 | 박정희
본문 디자인 | i-Free
표지 디자인 | 이플디자인
홍보 | 김계향, 유미나
국제부 | 이선민, 조혜란, 김혜숙
마케팅 | 구본철, 차정욱, 나진호, 이동후, 강호묵
제작 | 김유석

이 책의 어느 부분도 저작권자나 BM (주)도서출판 성안당 발행인의 승인 문서 없이 일부 또는 전부를 사진 복사나 디스크 복사 및 기타 정보 재생 시스템을 비롯하여 현재 알려지거나 향후 발명될 어떤 전기적, 기계적 또는 다른 수단을 통해 복사하거나 재생하거나 이용할 수 없음.

■ 도서 A/S 안내

성안당에서 발행하는 모든 도서는 저자와 출판사, 그리고 독자가 함께 만들어 나갑니다.
좋은 책을 펴내기 위해 많은 노력을 기울이고 있습니다. 혹시라도 내용상의 오류나 오탈자 등이 발견되면 **"좋은 책은 나라의 보배"**로서 우리 모두가 함께 만들어 간다는 마음으로 연락주시기 바랍니다. 수정 보완하여 더 나은 책이 되도록 최선을 다하겠습니다.
성안당은 늘 독자 여러분들의 소중한 의견을 기다리고 있습니다. 좋은 의견을 보내주시는 분께는 성안당 쇼핑몰의 포인트(3,000포인트)를 적립해 드립니다.
잘못 만들어진 책이나 부록 등이 파손된 경우에는 교환해 드립니다.